译者致谢

感谢中国残疾人联合会、中国残疾人事业发展研究会为本书出版提供的慷慨资助。

感谢中国社会工作协会全国医疗救助与社会工作联盟为本书的海外版权转让事宜提供的版权引进费。

残障与损伤：
同儿童和家庭一起工作

Disability and Impairment：Working with
Children and Families

【英】彼得·伯克 著
何 欣 李 敬 译
何 欣 校

人民出版社

"残障与发展系列译丛"编委会

总　序

中国残疾人联合会理事长　鲁　勇

自有人类，就有残疾人。残疾是人类状况的一部分，几乎每个人在生命的某一阶段都会有暂时或永久性的损伤。世界卫生组织2002年至2004年在59个国家和地区开展的《世界健康调查》数据显示，全球1.1亿人有很严重的功能障碍，约占全球人口的2.2%。2004年，世界卫生组织更新的《全球疾病负担》统计数据显示，全球1.9亿人有"严重的残疾"，如四肢瘫痪、严重的抑郁或者失明，约占全球人口的3.8%。2011年，世界卫生组织发布的《世界残疾报告》指出，根据2010年人口估计，全世界超过10亿人生活在残疾状态下，约占全球人口的15%。2006年，联合国通过了《残疾人权利公约》，这是国际社会在21世纪通过的第一个综合性人权公约，它标志着人们对待残疾人的态度和方法发生了重大转变。关心残疾人，做好残疾人服务工作，正在成为各界广泛的共识。

我国历来关心残疾人，高度重视残疾人工作。党和国家始终把残疾人事业纳入国家发展的大局，建立健全保障残疾人权益的法律体系，设立政府残疾人工作机构，建立残疾人事业保障体系和服务体系，广泛开展残疾人事业的国际交流与合作，促进残疾人事业发展取得了辉煌成就，全社会逐步形成了扶残助残的良好社会风尚，残疾人生存状况、生活状况显著改善，生活水平不断提高。特别是改革开放三十多年来，中国残疾人事业实现了历史性的开拓，探索出了一条具有中国特色的残疾人事业发展道路。1987年，我国开展了新中国成立后的第一次全国残疾人状况抽样调查；2006年，我国又实施了第二次全国残疾人状况抽样调查；2014年，我国首次启动了全国残疾人基本服务状况和需求的专项调查。抽样调查和专项调查结果，对促进残疾人事业加快发展提供了重要支撑。与此同时，我国加快健全保障残疾人权益的法律法规和政策措施。我国《宪法》对保障残疾人合法权益作出了明确规定。1990年，颁布实施了《中华人民共和国残疾人保障法》并于2008年进行了修订。2008年，中共中央、国务院出台了《关于促进残疾人事业发展的意见》。随着《残疾人教育条例》《残疾人就业条例》《无障碍环境建设条例》等法规的实施，进一步推动了残疾人权益保障和基本公共服务的落实。

党的十八大以来，以习近平同志为总书记的党中央十分关心残疾人、高度重视残疾人事业。党的十八大和十八届三中全会、四中全会都对关爱残疾人、发展残疾人事业提出了明确的要求。2013年9月，党中央国务院在中国残疾人联合会第六次全国代表大会开幕式祝词中指出，我们要充分认识做好残疾人工作的长期性和艰巨性，按照平等、参与、共享的目标要求，突出保障和改善残疾人民生，增强残疾人基本公共服务供给能力，促进残疾人全面发展，在实现中国梦的伟大实践中，团结带领、支持帮助广大残疾人创造更加幸福美好的新生活。2014年3月，习近平总书记在致中国残疾人福利基金会成立30周年贺信中特别强调，残疾人是一个特殊困难的群体，需要格外关心、格外关注。让广大残疾人安居乐业、衣食无忧，过上幸福美好的生活，是我们党全心全意为人民服务宗旨的重要体现，是我国社会主义制度的必然要求。2014年5月，习近平总书记在会见全国第五次自强模范暨助残先进表彰大会代表时更明确指出，残疾人是社会大家庭的平等成员，是人类文明发展的一支重要力量，是坚持和发展中国特色社会主义的一支重要力量。中国梦，是民族梦、国家梦，是每一个中国人的梦，也是每一个残疾人朋友的梦。我们都要凝心聚力，在实现人生梦想的同时，共同推动中华民族的美好梦想早日实现。各级党委和政府要高度重视残疾人事业，把推进残疾人事业当作分内的责任，各项建设事业都要把残疾人事业纳入其中，不断健全残疾人权益保障制度。各级残联要发扬优良传统，切实履行职责，为残疾人解难、为党和政府分忧，团结带领残疾人继续开创工作新局面。2015 年 2 月，国务院印发了《关于加快推进残疾人小康进程的意见》，对保障和改善残疾人民生，帮助残疾人共享发展成果、同奔小康生活作出了具体部署。

当前，我们正行进在全面建成小康社会、全面深化改革、全面推进依法治国的新征程中。以习近平同志为总书记的党中央对残疾人事业作出的新部署新要求，为残疾人事业在新的起点上实现创新发展指明了方向。国务院出台《关于加快推进残疾人小康进程的意见》，为做好全面小康进程中的残疾人工作明确了任务。启动我国残疾人事业"十三五"发展纲要的规划编制工作，更为落实好各项举措提供了契机。

在实践中推动残疾人事业创新发展，既需要实际工作者的大胆实践，更需要理论工作者的有力指导。以治学的严谨审视鲜活的实践，以生动的实践检验理论的成果，才能学用相长，推动事业沿着正确的方向健康发展。正是在这种背景下，中国残疾人事业发展研究会联合中国社会科学院社会学所共同组织实施"残障与发展系列译丛"编译项目。

"残障与发展系列译丛"第一批项目由《〈残疾人权利公约〉研究：海外视角（2014）》《残障：一个生命历程的进路》《残障人士社会工作》《探索残障：一个社会学引论》和《残障与损伤：同儿童和家庭一起工作》五本译著组成，是近年来国际社会知名学者关注残疾人群体、进行理论研究和实践探索的成果结晶。这套丛书以研究联合国《残疾人权利公约》为切入点，从社会科学和法学专业视角探讨了残疾人事务，包括社会工作、社会政策、特殊教育、医疗康复等领域。丛书中一些提法包括一些翻译用法,如用"残障人士"或"残障者"取代了"残疾人",丛书取名"残障与发展系列译丛",等等,体现出联合国《残疾人权利公约》中倡导的残障社会模式理念,即残障问题不仅是一个人的问题,还是一个需要从社会环境因素分析和解决的社会问题。

他山之石,可以攻玉。作为一种学术思考,丛书中的一些理念、翻译方法或许会引发争鸣与讨论,各界的认识并不完全一致。但我想,这种探索精神是值得肯定的。希望丛书的出版,有助于全社会更加重视对残疾人、残疾人事业的研究与关心,有关成果能为编制我国残疾人事业"十三五"发展纲要、加快残疾人小康进程、促进残疾人事业发展提供有益的借鉴。

衷心感谢本译丛的作者、译者,感谢为编辑出版这套译丛作出贡献的编委会成员。祝愿在未来的发展中,残疾人事业的理论与实践研究成果更加丰硕!

2015 年 2 月 15 日

目　　录

图　　示

表　　格

致谢　一个专业的和个人的题词

我愿用本书向一些个人和组织致以敬意,他们所提供的各种学术研究机会,使本书得以可能出版。我也对儿童研究基金、纳费尔德基金会、通过赫尔大学及英格兰高等教育资金委员会等处得到的各类资金表示感激;没有资金投入和在调研初期的种种鼓励,这些研究无法完成。我幸运地得到了三位同事,凯蒂·希诺(Katy Cigno)、苏·蒙哥马利(Sue Montgomery)和本·费尔(Ben Fell)的支持,他们作为研究助理受雇于不同时期,而这一情况也反映在了研究进行和发展过程中的已经发表的各类报告中。

然而,如果没有我儿子,那个原本健康可爱的孩子,本书无法写成。1989 年,儿子 3 岁时,伴随治疗白血病而患严重脑损伤,导致他痉挛性四肢瘫痪。和残障的不期而遇,改变了我的家庭生活。后来,我的女儿,她出生在她哥哥治疗期间,她所反映出的对哥哥的照顾性态度,催生了《残障儿童的兄弟姐妹》(*Brothers and Sisters of Disabled Children*)那本书的田野工作(Burke 2004)。1990 年 11 月,她年幼的弟弟早产 3 个月降临人世。18 个月之后,他被诊断为痉挛性双瘫儿,在我写作这本书时,他正使用电动轮椅助力出行。我的家庭经历激发我对理解其他有残障儿童家庭中的种种境遇的研究兴趣。

对我家庭致以我个人的谢意,我的伴侣海瑟,我们的孩子马克、萨米和乔。

引　言

　　本书检视了在协助残障儿童家庭中专业人士的作用。它也考虑了有残障儿童的兄弟姐妹的需要，当然，还有残障儿童自身的需要。本书是有关家庭内部残障情境的研究。书中展示和残障儿童一起生活的经历，如何成为"家庭事务"，各年龄段残障者在家庭情境中所面临的种种问题，在残障社会模式需要的框架下都作了讨论。本书将残障社会模式作为一个奠基之石，用来考察对全体家庭成员造成影响的残障相关情形。残障对他人的影响，有助于为残障提供一个整体的观点，这其中对社会排斥的限制和体验有很多说明。

本书结构

　　本书结构上围绕着一系列关于残障、损伤及家庭里残障体验的理论视角。全书取材于四个研究项目，它们的观点都指向一个家庭观下的残障的需要问题。本书由九章组成，每章结尾将有些练习要点，以便引导读者回顾那些被介绍出来的关键性主题。附录一提供了研究过程中的各类洞见。

　　第一章，探索了残障和损伤的理论以及残障的医学与社会模式。我对残障的家庭情境也作了检视。

在第二章中,我勾画出了连带残障模式(an associative model of disability),用来表示:当家庭中的一个孩子被发现有残障后,全体家庭成员是如何牵涉其中的。这一章检视了污名的概念性理解,表明了遇到不同残障态度时,家庭遭遇的经历是如何与污名化相关联的。

第三章和第四章,我们研究了儿童期残障的影响问题。第三章通过家长的报告,呈现出了家庭的观点。第四章显示了专业社会照顾工作者需要聚焦于家庭,便于理解家庭对残障的最初反应,以及如何甄别出恰切的服务供给。

在第五章中,通过一个残障儿童从依赖到独立的发展讨论了生活转变(life transitions)的问题。这里包括了利用临时保姆服务、学校和喘息照料等的各种体验,这些全是渐进的发展过程,目的是使残障儿童父母和兄弟姐妹理解残障儿童也要作选择和有独立的权利。

第六章,是关于残障儿童兄弟姐妹经历的。本章利用作者两个研究成果,展现残障关联是一个理解残障儿童的兄弟姐妹的自我认同的一个有用方法。

第七章,利用了某个研究中所反映出来的一群年轻残障人士的观点。

第八章,比较了残障儿童兄弟姐妹和其他同组青少年的群体性经历的各种好处,揭示出在团体过程中的共同因素,而这些因素使参与其中的青少年们获得成功的成果。

第九章,将家庭中一个孩子有残障后家庭评估的作用的证据汇总起来,并对提升服务品质提出了建议。

本书所提出的种种洞见,将有助于那些和残障者一起工作的人、身有残障的人及与残障相关的从事教学的人。只要有可能,本书都将通过引用被访者的话,用来识别那些普遍表达出来的需要和关切。对家庭生活和残障儿童的个案研究贯穿本书,用来辨识他们经历的真实状况。

　　作者旨在使本书既澄清又提供了对残障的一种理解,作者也希望,我们的相互理解不仅有助于提升我们自身对残障的反应,也有助于提升那些涉身其中者对残障的反应,与此同时,试图使那些被关切的家庭可产生一种积极的改变。

第一章　残障与损伤:理论和实践

本书是作者所进行的研究中对参与其中的各类家庭的反思性经验。通过本书我们可以看到,残障的确是从积极和消极两方面来定义个体的,而这一现象所提出的问题值得讨论。我们还能清晰看出,残障不应成为界定个体的唯一因素,他或她本人应对自身有所界定,且如其所愿地得到他人的接纳。

本书会对各年龄段残障人士在其家庭情境中的相关问题进行考察,而这源自残障社会模式所支持的需要视角(needs perspective)。人们把社会模式视为一种社会建构,而最为重要的就是要确保残障人士不再体验那些强化残障感受的遭遇了。因此,残障需要的是一种更为博大的社会接纳,而本书所呈现的研究指出了实现这一目标的道路,同时,此书特别关注的是儿童残障。在对残障的家庭接受上,本书所引用的研究显示,残障体验超越了有残障的个体,并部分地成为他/她的同胞、父母乃至其他家庭成员的一种特性。专业人士的功能就要求对上述家庭事务能有所理解。

本书将借用"排斥"概念,用来解释对残障的社会反应及与残障共存的家庭成员所发现的生活中的种种局限。这还是一本关于那些无能力的个体掌控他们生活以及需要"为发展他们潜能"提供机会的书(Morris,2001,p.162)。本书不把残障当成一个问题;本书是关于使残障得以被接受和理解的一本书。

界定残障与损伤

　　本书精心选择了**残障**和**损伤**这两个词作为本书题目。这两个词意思不同。从损伤容易导致残障结果这一点看,这两个词也很容易混淆。然而,这里我会澄清残障和损伤的含义,以便减少对这两个词之间任何潜在可能的混淆。对这两个词的探索,也将有助于人们在专业实践中,对这两个词的惯用法和应用上的更好的理解。

　　人们认为残障主要是由社会经验和机会所强加的某些局限,而这些局限限制了某个个体和他人交往或达到某一特定领域的能力。这一残障观把残障等同于那些"社会排斥"体验,后者因强加的社会阻隔,人们事实上拒绝给予那些被认为有残障的人参与、和同他人交往的种种机会。另一方面,人们认为损伤更多的是以个体为中心,反映的是个人在和他人比较中的功能差异。一如奥利弗(1996,p.13)在谈及损失(loss)时所澄清的:残障,可能通过精心设计的排斥,更多反映了社会场合(social settings)中机会的比较性损失;但,损伤就是由于受伤、疾病或先天症状导致的一个真实的损失。前者(残障)更多的是关于态度和立场的,是一种外在现实。相比之下,后者(损伤)则是更多指个体生理或智力衰弱的一种内在结果。

　　巴恩斯和莫瑟(Barnes and Mercer,2003,p.66)通过使用了肢体损伤者反对隔离联盟(Union of Physically Impaired Against Segregation/UPIAS)和残疾人国际(Disabled People's International/DPI)的种种表达,对区分损伤和残障进行了反思,他们解释说,损伤是一个医学或专业上的、对"生物—生理局限"的界定。因此,损伤呈现的是一种生理的和/或智力上的困难,而非由外界资源造成的局限,一如在某些社会环境中所经历的那样。换个说法,残障,借用托马斯(Thomas,1999, p.39)的说法,是由于社会体验所引起的活动局限;尽管疾病和损伤的一个方面都是致残性的,但是,残障,作为一种社会阻碍(social obstruction)和损伤却不是一回事。

为了澄清"损伤"这个词,我们要指出它是功能性活动上的个体差异,通常和"诊断性差异"相关。这类例子可能包括:视觉或听觉损伤,能导致明显学习障碍的智力损伤,或那些某些个人做起来困难重重但别人做起来却轻而易举的情况。为减少界定个体残障的社会后果,任何生理、智力和社会限制上的体现,如果不是消除也都应最小化。某个体对作为一个症状的损伤有所理解后,他可能会选择采取措施减少其影响,也可能会选择置之不理。

尽管,在检视残障模式时,对损伤的理解有助于把残障者置于残障医学模式和社会模式之间,一如伯克(Burke,1993)书中所描述的以人为本的方法(a person-centred approach)所做的那样;但是,人们还是倾向把"残障"泛化后更经常性地使用这个词,本书也是如此,因此,在强调了损伤和残障间的概念性区分后,"残障"这个词,作为一个所向无敌的、包含损伤和学习困难的词在本书里将处处现身。

残障模式

根据吉莱斯皮—塞尔斯和坎贝尔(Gillespie-Sells and Campbell, 1991)的观点,残障的医学模式把残障视为一种需要得到治疗的症状。这本身没有什么惊奇之处。因为,医学训练的主要依据就是要预防性处置或治疗疾病,所以,这一病理学取向也是预料之中的事。这一预期来自这样一种理想状态,即,人们把有残障的人视为一个需要处置治疗的人。根据佩恩(Penn,2005)的说法,对人的典型处置是依据疾病症状,通常意味着饲药、外科手术或仅仅是姑息照料。但是,人们如果只从治疗处置角度考虑个体情况,那么病理学就凌驾于个体存在之上了。事实上,无论是被医疗诊断,还是被划为残障的类别,这些做法都意味着人被客体化了。

塞盖特和华纳(Thurgate and Warner,2005)对医学模式和生活在各类不利状况下的非医学影响的融合困难有过评论。他们提出,人们的假设也许是基于个体所体验的残障等级,但事实上,残障实际是对社会环境的一种反映。人们清晰地认识到,个体存在是超越了他们被诊断出的医学状况限制的,人们认识到这一关系的范围将有助于界定个人和对医学诊断的需要。事实上,在确定残障影响时,社会模式残障观,有助于我们对个体面对医学专业人士和类似社会经验所产生的累加效果的理解。

社会模式指出环境因素可能会导致残障状况的恶化。结果,残障情境超出了个体范围。物理的和社会的重重阻碍可能导致个人感受到的残障(Swain *et al.*,2004)。追随奥利弗(Oliver,1990)的建议,人们可以这样问问题,诸如"为了改善此人情况,哪些外部因素应该改变?"例如,对入读特殊学校的需要,人们就可以质疑,是否某地有更为包容的替代性选择,而非假设那个有残障的孩子一定要上特殊学校。这就类似于,当需要时残障人士必须接受专业咨询员督导而不是去找全科医生一样。因此,在学校那个例子中,主流教育对很多乃至绝大多数的残障儿童而言都是更为有利的,但是,这类教育只有伴随着包容、对在校孩子的鼓励及教室支持等参与性政策后,才能切实可行。

社会模式应能促进社区情境下的个体需要,如此的话,这一个体就不会因他或她的症状经历社会排斥了。在前述例子中,与其让残障孩子疏离于其他孩子的日常体验,融合教育(integrated education)就应该把他或她当作主流教育的一部分:这就是某种正常化(notmalisation)过程。社会模式仅是鼓励人们改变社会场景,以便残障个体不会因情景、情感或物理上的阻碍而不能得到（保障），处于社会不利状态。班克斯（Banks,1991）提出，当少数种族试图存在于主流文化里时，会由于差异感而出现文化上的错误理解。古德利（Goodley,2000,p.36）提出一种包容性的残障社会模式（an inclusive social model of disability），在涉及学习困难（人群）时，这一模式意识到了"学习困难"和"差异"的社会源头，并指出了态度性的各类反应，但他提出，不论这些差异的因果关系如何，这些区别并不必然存在于所有文化中。杨和麦克马伦（Yang and McMullen,2003）展示，对他者文化的学习，将有助于提高我们自己对文化性差异的理解，后者带有不言而喻的假设，即，在我们的社会里，残障不应该等同于"缺少能力"（less bale）的"残障"。

残障的各种模式，都试图把残障解释为一种社会体验结果，这其中，个体之间的互动把损伤变成了一种阻碍，使有损伤的人因他人的对待而倍感致残了。**社会建构出来的残障**（*socially constructed disability*）体验结果告知我们，残障者成为非残障者（non-disabled people）压迫的对象（Shakespeare and Watson,2002）。这意味着残障的社会不利状况源自残障者经历的不平等地位。残障者体验到的社会不利因素的种类，还包括很难获得（某物）时加诸于其上的各种局限。说明这一情况的最简单例子就是，一如本书作者所经历的，轮椅使用者因有楼梯而不能使用某个建筑，而这不得不需要协商（Burke,2004,p.129）。在这种情况下，楼梯强化了残障的身份认同，而获得通行坡道则不会。有一点很清晰，即，日常生活里个体间互动的方式，这其中，通过前述提及的污名化过程或让进入成为问题，（人们的）态度界定残障，这些都强化了具有损伤个体的残障感受。

人们批判医学模式，是因为它在专业人士和服务使用者之间所呈现出来的不平等的权力关系。况且，这一模式将残障"客体化"，这和损伤的个体模式一样存在了大量问题。人们批评社会模式是因为，在个体层面上它对损伤的忽略(Read,2000)。根据克鲁的说法(Crow,1996,p.216),社会模式有缺陷,是因为它看起来是在用一个主流化的反应来界定残障,结果,损伤个体的感受被遗忘了。人们认为医学模式可视作是剥夺了残障个体的权力,因为那些需要治疗的人把医生视为医学知识的所有者,结果,患者屈服于医学权威。但是,这些观点忽视了社会模式的解释力,社会模式把残障解释为社会行动;损伤是一种个体经验,"残障"是社会互动中试图强加的限制。人们需要把上述两个观点结合在一起,认识到损伤的程度及最小化其社会性局限,而非假设一个观点是对的,而另一个观点是错的。

那种感觉医学世界就是关注诊断和治疗,对那些其症状不可治疗的人未能给予充分探索。在某种意义上,医学症状的流行病学压倒了人性状况,结果,人们对需要的讨论,聚焦在医疗健康状况和症状,而非个体情况。一般来说这也是无法避免的。如果坚持认为医生和与医药关联的专业人士在学习障碍儿童的生活中不是什么重要角色或医学不应和诊断、治疗有关,这类想法才叫愚蠢:我们所有人,都在我们生活的某些阶段上需要这些技术和知识。

因此,对于理解个体需要和社会互动而言,社会情境是个关键。医学症状不应阻碍对个体社会性需要的获得。伯克和希诺(Burke and Cigno,2000)提出的一种综合性疗法(an integrated approach)中,试图呈现来自医学世界和社会世界(social worlds)两方面的各种因素。在理解损伤对于个体影响时,医疗需要得到恰当辨识,而社会世界一方也是如此,即,带损伤的生活情境,必然与某一社会类型互动交融,意识到和扮演了可能加诸其上的任何限制。

医学和社会间的平衡必须是恰当的。意识到各类不同专业人士的参与有助于这一理解。这类话题在多元化的机构环境中更容易得到讨论。这一多元机构模式,特别是其中医疗、教育和社会福利专业人士在一个屋檐下工作及进行多学科的评估,将是未来的方向。

社区照顾

不论何时，(英国)社会都有多达 150 万的最脆弱人群要依靠社会工作者和支持类工人的帮助。社会照顾(social care)服务也在解决社会排斥上贡献多多(DoH，2007)。社区照顾的道理足够简单；社区应该关照那些有需要的社区成员。但是，简单从来都不是实际做法的主宰者，因此，社区照顾要通过《格里菲斯报告》(Griffiths，1988)和 1990 年的《国民医疗保健服务和社区照顾法案》(*The NHS and Community Care Act*，1990)来强调在社区内照顾的需要，以及提出要以满足人们需要而非让人们的需要去适应可及资源的方式来提供服务。

问题在于，为这些需要提供资源成为一个难题，因此，当需要扩张成了"想要"(wants)而非一个合理供给时，任何关于满足大规模需要的提法都失败了。问题在于，原则为本的需要满足视角和资源管理者处置有限资源之间存在相互抵触。在某些情况下，两者相互矛盾，这一类情况各种各样，如提供"洗浴帮助"这类简单资源，或对某服务使用者家里的某些大型改造项目进行改良等问题。如果并非全部如此的话，照顾和服务看起来似乎只能导致一种在某种意义上不能满足社会需要的结果。

当人们对这一过程的"循环"进行甄别时(Burke and Cigno，1996，p.26)，某些人需要寄宿式照料(residential care)的情形就是一个例证。在社区里得到照顾的需要，和在社区内的寄宿式照料的需要潜在地存在冲突。这和一些老年人在他们变得缺乏管理他们自己的照顾需要时的情形很类似。但是，它也是一些极重度残障青少年——如果或当他们的家庭不能在家里提供必要照顾时的一个特征。当照顾是在一个家庭内提供(within the family home)，且家庭满足了个体的照顾需要，这不能也不应该被称作社区照顾(因为社区照顾是通过社区来满足照顾的各种需要），尽管，前者的家庭生活在社区里，但是它是"照顾在社区"（care in the community）。现实或许是，家庭里的照顾缺乏一种社区的身份认同，而社区照顾可能包含照顾者（carers）来协助这个有照顾需要的家庭。

为社区提供照顾的思潮，在政策意图层面上失败了，特别是在涉及残障儿童需要领域。社区认同应对个体选择和生活方式有指导性。这一政策意图应该是：社会照顾服务要满足绿皮书《每个儿童都重要》（*Every Child Matters*）的建议，这些建议现都落实于 2004 年《儿童法案》中。这就要求在支持家庭时，把儿童置于首要地位，这一信息早些时候是由厄廷（Utting，1995）倡导的，他主张在满足儿童和家庭的短期与长期需要时，（部门）合作是一种法定职责义务。后者用在了《儿童和青少年通用评估框架》（*Common Assessment Framework for Children and Young People*）中了（Department for Education and Skills/DfES，2006，p.2），涉及了社会照顾中的各类专业人士。

评估残障儿童的需要

按照国家统计部门的说法（2004），在国家层面上，儿童和青年中的残障流行率的研究缺乏准确和高质量的数据，所以，人们很难建立起任何清晰、长期的趋势分析。但是，2000 年，政府报告的重度残障儿童中，在同年龄组里男童数量持续是女童的两倍多（ESRC，2006）。就业和养老金部（DWP，2006）预测，英国有超过 70 万残障儿童，大约等于每 20 个儿童中就有 1 个。这一数据与爱默生和哈顿（Emerson and Hatton，2005）的估算有冲突，后者估计英国大约有 120 万 17 岁以下的儿童被认为处于残障"风险"中。这些清晰地反映出残障界定的不同取向。尽管如此，我们清楚的是相当数量的儿童有某种形式的残障，随之而来的是,这个孩子、他/她的同胞以及家庭需要得到评估以获得对其需要的更好理解。

残障儿童有其自身需要,这一点不证自明,这也反映在了 1989 年《儿童法案》[s17(10)(c)]中。他们的生活和他们的同侪不一样,而且,即便残障不是个问题,身有损伤的感觉所产生的差异,也会把他们的体验和其他孩子区别开。他们的需要及他们家庭的需要得到清晰甄别并通过提供必要服务给予满足;而且,如果一个孩子他或她自己的观点不能辨识的话,那么,人们应该得到其最亲近的家庭成员,通常是某个父母(经常是母亲)的想法。

人们也要求专业工作人员辨别家庭成员所说的**他们**需要帮助自己,并且要把家庭成员认为有用的观点搜集起来,连带着专业的观点、观察和对这些需要的考量,从上述发现中形成应该作出什么样的专业反应。这是 ASPIRE 模型的基础,其阶段分别是评估、计划、干预、回顾和评估,它扮演了满足需要的阶段性进展的指南(Burke and Cigno,2000,p.9;Sutton,1994,p.26)。但是,人们应该很清楚,使用一套有方法的评估创意对引入理解人类需要任务的感受没什么用;它也不能或无法反映评估或其评估的质量或准确性。随着《每个儿童都重要》政策的实施,对其实践的评价和建议促成人们引入《通用评估框架》(*Common Assessment Framework/CAF*),它被设计用来:

> 为了让服务提前和更有效,它将有助于服务者评估儿童的额外需要,发展出一套对上述需要的通用理解,并就满足上述需要达成共同工作流程(DfES,2006a,p.2)。

重要的是,《通用评估框架》虽然指出需要一个牵头的专业工作人员,但是,它要求和其他机构一起干,这将有助于在进行儿童需要评估时将各类服务整合起来。以儿童需要的名义的残障,在这样的评估中应该和一系列发展结果领域相关,特别关注的是一般健康、生理发展、言语和语言、社会和情感发展等。尽管,在这一对儿童需要的综合检视似乎应得到赞美时,把残障放入这一图景中看起来更多展现的是作为复杂需要(complex needs)的该名儿童的限制或损伤,而非环境限制和排斥,更别提社会和社区资源问题了(DfES,2006a,p.32)。

这类工具仅仅是:它们引入了一系列事件,它们或许超出了危机或重大事件,且伴随专业人士在其中所作出的判断,以决定某个流程是否对一个给定情景作出适当反应。这里的危险在于,实习学生和那些在他们早期职业生涯的人,可能会相信一个程序代表了形式概念的理解性需要,尽管那些列举的细节可能看起来是得到了理解,但是其实它只不过是对按时代顺序发生的实践的一个系统记录而已。ASPIRE 和评估框架提供了一种系统性工具;它们有统一性,且有助于专业人士间的信息流动。但是,它们没有呈现出专业判断或实际上对所关注社会问题范围的丝毫蛛丝马迹,结果是,在理解一个致残性损伤对孩子和家庭的后果上,它并无多少价值。对儿童需要的一个简短的观察将有助于说明这一批评的理由。

儿童

在评估情境中,残障儿童的需要不应只是医学描述独揽大权,当把儿童放在首位时,他们的需要和其他儿童在很多方面是相同的,但在其他一些方面是独特的。在聚焦家庭需要时,研究总是试图把儿童的声音排除在外(贯穿本书的是我对残障儿童特殊需要和对其同胞的关注);这可以参见克拉克(Clarke,2006,p.43)对莎士比亚编辑作品的引用(Shakespeare *et al.*,1999)。克拉克指出,由于家中不同需要间的张力,残障儿童可能遭到边缘化,如此的话,残障儿童的权利就遭到了排斥,他的需要识别和表达也如此。结果,在任何以儿童为本的讨论中,不论残障是否是个问题,至少要使用两个概念来呈现以下维度:(1)权力和无权力以及(2)社会包容和排斥。我们对此要有所反应并意识到,儿童在某种程度上是无权力的并且还可能经历了一些排斥,因此涉身其中的专业人士需要在谁的需要将被满足上作出明断：儿童的、照顾者的或是其他家庭成员的（Burke and Cigno，2000，p.4）。

控制的核心（**Locus of control**）

无权力的概念需要一个专业的判断，融合的需要亦如此。一个有助于评价某人是有权力或无权力的相关词是控制的核心（locus of control），这个词由勒夫考特（Lefcourt，1976）和伯克（Burke，1998，2004）分别甄别出来。本质上，人们把控制视为内在的或外在的。对其行为负责的个体有一种内在的控制核心。换言之，他们对影响他们生活的情况进行掌控并作出自己的决定。那些需要依赖他人为自己作决定的人成为他人控制的对象；他们有一个外在的控制核心。内在或外在的控制感在下面的案例检验中是有用的。

阿什丽 X（**Ashley X**）的案例

艾尔斯（Ayres，2007）报道的洛杉矶阿什丽 X 的案子值得注意。阿什丽由于受严重脑损伤——其病名为静态性脑病的折磨，不能走路，不能说话，不能从床上把头抬起来甚至不能吞咽食物。她的父母提出"让她保持小小的样子"是提高其生活质量的最好方法，这并非让他们自己的生活更为方便。

在这一案例中，阿什丽的父母接受了医疗建议，在她 6 岁时，摘除了她的子宫，伴随其他设计出来抑制其生长的程序，以便阿什丽将终其一生都是孩子般大小。在这里，到底是谁的利益得到了满足是需要考虑的问题。人们可能认为是照顾者的利益得到了考虑，尽管人们确信情况并非如此，因为阿什丽的需要征服了她父母的需要。她的父母寻求医学建议并且也从一个伦理委员会处就外科手术的介入需要得到了进一步的建议。所有人都同意这一过程将使孩子和照顾者都受益，并许可了这一过程的发生。

评论

试想一下,上述流程如在英国能否得到许可,或许对我们很有用。在 1989 年《儿童法案》中,"儿童福利"是一个首要考虑因素[s1(1)],儿童的愿望与感受应彻查清楚[s1(3)]。在英国可能的情况是,人们不会把没有医学依据的外科手术视为和儿童福利相关的必要条件。事实上,法律提出从识别儿童需要的要求出发,维护儿童健康和发展水平是必需的[s17(10)(a)],且强调需要给予儿童合理的生理发展权利而非限制它,以至于他或她的健康或发展可能招致显著损伤[s17(10)(b)]。进一步说,人们要考虑残障儿童作为儿童的需要[s17(10)(c)],换言之,地方政府当局有义务满足这些需要。于是,在英国,人们提出,如果阿什丽的需要被认为遭到侵害的话,阿什丽的外科手术就不会被认为是合法行为了。

在对案情没有充分细节说明的情况下,这些问题很难作比较,还有父母的良好意愿;但是,这个事也可以被认为是残障权利事件,一个没有医学依据的操作过程相当于是对弱势个体的滥用权力。因为,人们会认为这一医学过程会让孩子遭受巨大伤害(s44)。

对阿什丽所收到的医学建议,人们也提出了疑问。人们提出这种类型的例子显示出医学模式在影响偏离孩子需要的父母决定的权力,导向的是对孩子**管理问题**上的一个医学结论。在这里使用关注控制的核心概念会有用。人们所要做的就是尝试理解父母的处境,这一处境就是他们在照料 6 年之后,竭尽所能去做对孩子最好的事情。在父母寻求帮助的过程中,一些权力转移的情况发生了。他们应该怎么办? 他们在压力之下。医学建议提出的是一个更为长期的解决之道,而这也得到了伦理委员会的批准,但委员会的观点就正确吗? 父母被裹胁着作出决定,正如冲突干预理论告诉我们要草草考虑一样(Katz,1975;Rapoport,1970),将倾向于和推荐的结论一样。控制的核心不再属于父母一方。

清晰可见的是,社会为本的决策和医学为本的决策,对这类案子可能提出不同结论。医学模式会强调它的过程已意识到了阿什丽作为严重残障儿童的处境,其最佳利益也得到了满足,通过维持她孩子般的状态,针对她需要的医学方案形成了。残障社会模式可能提出这个孩子成为医学专家事实上的受害者了,因为,通过实施外科手术、造成她如婴儿般大小、绝育等,她的性欲和与之相关的感知觉,都被永远地否定了。

父母对残障儿童的保护

根据克莱夫特和布郎(Craft and Brown,1994)的研究,有学习或明显交流困难的个体,可能会受到他人不利影响并需要一些保护和支持。结果是,有上述困难孩子的家长容易变得过度保护,因此,减少了给孩子的机会。过度保护的目的往往是为了减少危险,因为,家长们看到在不利影响下孩子的脆弱。这里需要的是决定,什么危险是可接受的什么是不可接受的,并在两者中间保持平衡。

风险可以定量为"所关注的机构措施"并因此暗示了对使用者的责任。这是把专业人士的工作场所和客户为本的导向结合在了一起。机构的工作人员如果未能发现或意识到风险,人们可能会认为工作人员自己把使用者置于一个更高风险中,因为这些工作人员或是懒散或是缺乏对重要问题的意识(Burke,1999),这是人们不接受的。培训工作人员以克服上述忽略性的干预措施非常必要。服务实践中的评估需要一种综合的模式,社会过程模式要补充进医疗模式中。

尽管如此,还是能采取一些外部影响以使家长意识到是否他们的过度保护,剥夺了他们孩子的机会或推进了实际上是被认为有害的那些进程(如在阿什丽 X 的案例中那样)。在 ASPIRE 模式中,服务实践可能是基于这样的概念理解,在作出生活改变的建议前,伴随相互竞争的需要,人们要求知识的专业性使用,也要求辨识和定位孩子们的无权力和排斥感。

对知识的追求包括了理解获取支持的需要、助人和自助系统以及可能适用的对预防情况恶化方法的理解。这些反思都是基于社会的视角,一如在残障社会模式中言明的那样,是试图帮助我们理解家庭的功能。因此,这里的意图是意识到家庭成员所面临的种种困难,并且特别是提升我们对残障儿童需要的理解。随后的实际做法中,可能会发生关注的转移而且毫无疑问,一些相互竞争的因素会浮现出来。专业主义就在于评估这些需要并且指出哪些是最紧迫的,与此同时,意识到对所有需要都要有一定程度的关注。

实务含义

社会工作的一项基本宗旨就是匹配经过评估的需要和可获得的服务。1990年《国民医疗服务和社区照顾法案》,通过勾画出满足个体服务需要(s47)时的主要评估职责回应了这一观点。尽管如此,关于评估过程的作业方式等问题还是出现了,特别是如果一个评估指出的对某个服务的需要现实中并不存在时更是如此。由于评估是由专业人士作出的,专业工作人员的职责就成了要得到那个其资源可能并不存在或供给匮乏的服务。另一方面,一个专业的评估意味着在决定需要时,不论在各方参与的会面中如何安抚,专业人士都把残障儿童及其家庭视为依赖于专业的意见,而非必然有助于达成共同决定的伙伴。这是因为残障社会模式是在服务使用者和家庭之间的一种社会建构,这可能反过来强化了"残障"作为"依赖者"的观念,而非对个体和家庭权利的确认。汤普森(Thompson,2001,p.116)提出这样的一种观点也暗示了一种"社会压迫"的形式,因为人们把残障等同于依赖和"对主流社会无贡献"。

为了增加服务供给,有必要加强机构合作,多机构合作可以促进:

● 机构都工作在一个屋檐下,有助于专业人士间非正式的紧密合作;

● 鼓励了家长增能和伙伴关系,结果家长和他们的孩子能够更快捷地得到服务,因为决定都是由他们亲近的专业人士作出的(Burke and Cigno,2000,p.134)。

但是,一个专业人士对另一专业人士的做法给予认可,这事并不总是很清楚,随之而来的是,如果一个专业人士被期待完全符合另外一个人的话,专业人士的自主和责任可能就要作出妥协。例如,咨询人员可能决定举行一个会前会议以便确定一个首选的课程,然后让社会照顾专业人士和更为重要的是让家长参与进来。如果政策行动(一如发生疑似儿童保护案例时)是会议活动独立决定的,那么共同工作的感觉就丧失了。为了有助于家庭功能提升以为残障儿童提供资源,决定让不同的专家都有所贡献是个难点。尽管,专业不同依然存在,但是,通过确认一个牵头的专业工作人员负责协调采取行动,《通用评估框架》可能还是会改善这种处境的(DfES,2006a,p.2)。

人们清楚的是,实践规则就可能产生依赖性,导致当目标应该是独立生活和社会参与时,家庭很难清晰表达他们自己的需要。不幸的是,使专业工作人员们主导趋势一致,以避免一些即便他们如何小心都可能出现的典型反应是不容易的。在培训对使用者体验的落后研究造成的理解时就是个问题,诸如"良好实践"总是作为我们的理解提高后精选出来的。

实务要点

残障和损伤之间的区别是什么?

在和残障儿童及其家庭一起工作时的中心讨论话题是,损伤的观点呈现的是一个个体的状况,其可能是智力的、生理的或伴随意外造成的损失。这和作为社会建构后果的残障不同,后者是消极的态度或物理障碍造成对人的社会不利从而认为他们是残障的。

残障社会模式是如何产生不同的呢?

社会模式试图展现它是超越损伤之上所产生的现象,对残障者歧视的反应通过不能进入的障碍或消极类型的态度反映出来。通过接纳有损伤者、通过对有行动问题的人提供无障碍措施、通过不再恐惧残障,通过推进对待残障者的包容性的政策和实践等,社会可以减少残障感。

残障医学模式怎么样——可以确定的是,保留它很重要吗?

医学界的问题是人们总是倾向于把人按照他们的疾病来处置,举例来说,患者就是"心脏病人",在这一过程中某些个人的个体性感觉丧失了。作为"残障者"其症状的本质可能取代了个体,结果,人们可能鼓励残障者接受在其他情况下可能不必要的各种治疗。

为什么要考虑"控制的核心"?

当某个个体自己作决定时,他/她是内在核心;在其他人为上述个体作决定时,就是外在控制了。这一简单区分有助于评估个体是否是在为他们自己的生活作决定,还是他们期待他人为他们作决定。对于意识到人们生活中的那些影响,这是个有用的方式,且有助于识别出那些存在的控制性因素。理解那些控制性因素的方向,有助于个体意识到他们的真实处境、专业支持、需要的所在,将对他们生活的一定程度的理解和重新导向有所助益。

《通用评估框架》能产生不同吗?

任何朝向改善服务实践的举措都是受欢迎的,特别是当这一框架明确了一个牵头的专业工作人员,通过更为充分和清晰的详细评估流程来协调行动计划的时候。但当一个行动决定作出时,光有工作流程不会也不能替代专业的决策;即便提供更好的、信息充足的指引,仅仅是程序也不能替代决策本身。何况,程序不能要求所有专业人士都按一套行为规则做事;而且,尽管鼓励跨专业工作和规划,但当不同专业人士对预期取得的期待结果表示坚决不同意见的情况下,一些事前规划是可以保留的。更根本的是,如何让有残障儿童的家庭来适应这套通用评估框架也是要讨论的,特别是在这个领域中,需要对"儿童需要"给予更好专业理解的时候。《通用评估框架》能产生不同,但是,是否它能对残障儿童及其家庭产生巨大不同,还有待观察。

我们需要在家长和照顾者之间作区分吗?

需要。父母通常都是后代的照顾者,但是,寄养照顾者也能提供替代性照料,他们通常不一定和家庭有关。因此,家长惯常是和被照顾者有生物学关联的人,如亲生父母,而替代性照顾者没有那么直接的联系。但是,父母只有在积极照顾他们孩子时才是唯一的照顾者,而任何人如照顾了家庭成员、满足成员需要,能胜任照顾者角色。那些不照顾自己孩子的父母就肯定不是照顾者。本质上,是生物学关系区分了父母(这是不能改变的)和照顾者。照顾是一种亲手建立关系(hands-on relationship)的活动,而这也说明了谁是照顾者。在本书第六章,我们也考察了家庭关系中年轻照顾者的角色,在那里,同胞直接承担了照顾残障兄弟姐妹的职责(有时是照顾残障的父母),而非更为寻常的是父母照顾自己的孩子。

第二章　污名、需要和服务供给

　　尽管对残障本身的理解并没有必要涉及它对家庭产生的影响,但是当残障的主体是儿童时,残障便成为整个家庭的事务。本章旨在探察医疗层面和社会层面所认定的残障的污名及针对残障儿童家庭的服务供给。本章将会说明,儿童残障的影响不只是针对儿童个人的,而是成为家庭身份的一部分。家庭残障身份的形成一部分是因为其处于倾向于将残障视为创伤事件的社会关系中。确切地说,我们将在这一章中探讨扶助残障儿童及其家庭成员的法律义务。

　　我们可以运用戈夫曼(Goffman)所提出的"污名"来解释残障的社会面向。污名是指在社会中,部分群体没有被平等对待,从而生活在社会的边缘。这些群体处于被歧视的地位,在戈夫曼看来,被认为是具有精神疾病的群体很形象地体现了这一点。而其他被污名化的群体还包括少数种族和残障群体。污名意味着不符合社会预期的行为,从而这些个体被冠上戈夫曼所谓的"受损身份"(spoiled idetity)。戈夫曼的观点有助于我们理解残障者在社会中如何被差异化对待,同时,当我们将其和医疗模式及社会模式下的残障结合起来探讨的话,我们对于损伤如何转化成"残障身份"(disabled identity)过程的了解会更加深入。

污名化 (Stigmatisation)

污名化是指在残障儿童家庭中因社会互动而产生个体弱势意识 (a sense of individual disadvantage) 的过程。格雷姆和鲍尔 (Graham, Power, 2004) 将社会弱势 (social disadvantage) 定义为社会系统偏好部分社会成员导致所有社会成员无法享受同样的机遇和财富。阿伯克龙比、希尔和特纳 (Abercrombie, Hill and Turner, 2000) 认为,社会系统的基础设施对特定群体或社区是无法使用的,因此,将责任推脱到个人身上是不正确的。相反,更广泛的社会结构因素和政策执行更可能是问题产生的源头。

实际上,斯科特、坎贝尔和布朗 (Scott, Campbell and Brown, 2002) 指出,和其他家庭相比,高风险家庭所面临的不利情境并没有本质的区别。如此一来,污名是基于感知差异而非实际或生理差异所形成的厌恶或歧视的手段,即污名的构建是基于地域、群体性或特殊情境的。可是,我们通常认为处于特定社会系统的个体必然是相互联结的,以及个体所面临的困难总是与构成家庭、社群且对城市扩张有重要影响的社会组织相关。

无论现存社会系统的本质如何,我们将残障引发的差异视作污名,其根本原因是没有能关注和促进其积极属性,反而扩大了消极性。这样会促使看似不同的人被冠上"受损身份"。因此,倘若缺乏与残障者的互动,那么我们会更轻易地选择忽略,而不是去挑战污名产生的基础。在社会系统中对于选择回避但面对不确定事件横加指责的人的概念与正常家庭却感到压迫和被歧视是相对应的。这提醒我们连带模式的存在,该模式中涉及的残障者的"受损身份"反映着其余大众所认为的不确定性和弱势性。

在戈夫曼看来,污名与有着不良影响的个人特征有关,以至于在潜在的社会交换中,这种不同的身份通常导致消极的反应。这个观点可以通过斯科特(1969)对"失明"影响的相关探讨来进行解释,污名是"正常的"个体在不信任视障者并因此认为与他们不同时所作出的反应,导致视障者被赋予"受损身份"。戈夫曼将"受损身份"这一概念用来表示消极的反应。这种对差异的构建表明少数群体所需面对的潜在不利条件。污名化将个体置于降低社会期待和成就的类别或群体中,而不是使这些个体的生活达到社会层面与情绪层面的满足,从而强化了负面刻板的反应。

加深对儿童残障的了解将有利于我们后面的讨论。正如伯克(Burke,2007)所论述的,污名可从以下三方面来理解:

- 与日常互动中的社会交换相关的污名;
- 具有情境特征的污名,即受到地点及场所影响;
- 具有结构性联动的污名,即执政者与专业人员如何对待人们。

这三种形式的污名将在后面进行详细阐述。

社会性污名(Social stigma)

戈夫曼(1963)指出,没有群体会被相同对待,从而导致部分个体处于受歧视的地位。随后,戈夫曼(1974,p.56)将残障的情况看作污名化的过程,因为残障者在个体间互动中无法满足健全者的期待。因此,儿童残障的社会性污名通常产生于儿童背负上"受损身份"。当互动导致残障儿童不被接受、社会参与或与他人交流被限制时,社会性污名便产生了,因为此时残障儿童是不被他人接受的。经历过消极社会反应的人是不符合所谓的社会规范的,同时,他们也经历着社会性的污名化。他们被迫认知到自己是不属于这个群体的。

情境性污名(Situational stigma)

情境性污名是指在没有任何互动或视为成员之前,个体仅因为有一些评判者无法接受的弱点、品质或经历,就被认为是没有资格的。当成员身份受到质疑时,污名的情境性因素就会被触发。例如,巴恩斯和莫瑟(Barnes and Mercer,2003,p.9)在其对于健全者与残障者划分的讨论中解释道:在污名化程度最低的时候,残障也会被非残障群体视作"不幸"。这就类似于认为残障者是没有价值的,或者在任何情况下都明确不接受或排斥残障者,没有平等看待每个个体。因此,所谓的"正常"群体认为被接受个体和不被接受个体间的任何形式的互动都是不可行的。这便是对那些被视作不符合主要参考标准的群体的排斥,比如,因为某些似是而非的理由不允许他们加入俱乐部。事实上,情境性污名是一种事先判定的社会排斥和歧视,以至于社会联系被不惜一切地避开且成为不可能。

结构性污名(Structural stigma)

第三种类型的污名是结构性的,比如,损伤诊断会排斥那些针对于未损伤者的机会。吉尔曼(Gillman,2004,p.253)引用学习障碍的诊断来说明它使得部分专业人员抱有偏见和歧视的态度,从而不尊重或无人性地对待前来寻求帮助的人。她还提到,一旦这样的诊断形成,未来的情况会变成"双重诊断"(dual diagnosis)。在某种意义上,因为人之间是互相"传染"的,所以找寻其他的情况是相关的。但是,现实却是残障者对自身的障碍感到被指责和嘲笑(Morris,1996):我们需要做的是纠正这种想法。

评论

显然,尽管残障作为一种社会建构,却被大众视作个人问题,由此也应从个体的角度来解决。这种错误的思维导致了社会排斥的形成。孩子的残障影响的是整个家庭,每个家庭成员或多或少都会受到影响。在没有排斥和忽视的理想状态下,这种将残障视为个体问题的错误认知也就不复存在,因为它无助于加深我们对整个残障家庭所面临的困境的理解。汤普森(Thompson,2001)提出的反歧视行为的模式是有关于改变个人的、情境性的或文化层面的态度的。这些同样适用于残障的"社会模式"。

虽然被视作存在差异的个体是通过上述三种污名类型所体验到污名化的影响的,但是污名如何影响这些个体周围的人,无论是家庭成员还是为他们服务的专业人员,仍需要进一步的解析。

连带污名和残障 (Stigma and disability by association)

奥斯特文和凯琳(Östman and Kjellin,2002)曾探讨过连带污名。将其与因和精神疾病者共同生活而受到影响的家庭成员相联系,他们指出,连带污名相对较少地受到实证研究人员的关注。他们进一步认为:

> 污名不仅仅影响着精神疾病者,还影响着他们的家庭成员。个体因与已被污名化的个体有实质性联系而遭受污名的过程,称之为"连带"污名。(p.494)

显而易见,只要家庭的一员患有精神疾病,会导致整个家庭都被认为是有精神疾病的。这种想法促成了影响着更广泛社会和家庭活动的污名,使得不在近亲范围内的人对于"传染"感到恐惧。

连带污名不仅体现于精神疾病者,还体现在其他一系列个体被标签为是有问题的情境中,比如艾滋病、吸毒、性别偏好或被法定机构看管的孩子。尽管标签有可能变成负面的刻板印象,但是它本身也如刘易斯(Lewis,1995)所说的,便于鉴别差异。因残障引起的差异应当被接受且包含在多元的环境里。

连带残障会在社会互动中体现出来,使得个人因为生活在残障儿童家庭中而感受到被污名化。连带残障也会在残障儿童的兄弟姐妹中有所体现(Burke,2004)。连带残障说明残障身份并不只被残障者所拥有,从而延伸了残障的社会模式。众所周知,因为在污名化过程中的受损身份,残障有可能使得残障者被社会排斥。因此,由于精神疾病,残障者的家人也会受到和残障者同样的影响。

被污名化的他人是由于关联程度而形成,会影响那些与残障者最密切的人,包括残障者的兄弟姐妹、家人和亲戚,甚至是与残障者有直接接触的工作者。这就像由中心向外扩展的涟漪(见图 2.1)。

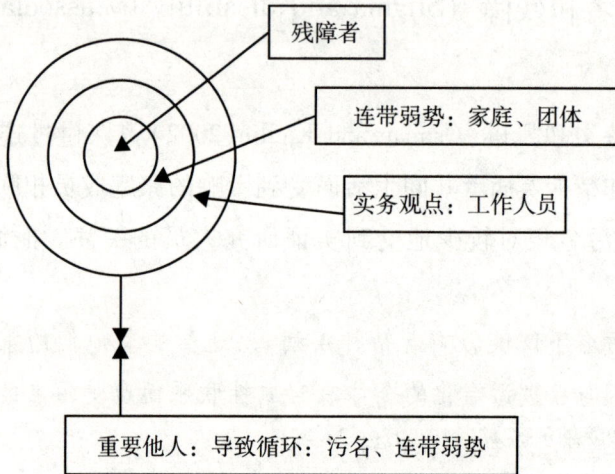

图 2.1　影响循环:污名、连带弱势

图 2.1 表明弱势的连带足以在社会交换中引起一定程度的压力。因此,残障者及其家人,甚至是与家庭有接触的专业人员都会被视作不确定的重要他人(significant others)。"重要他人"是由福西特(Fawcett,2000)提出,指影响我们生活的人。我们可以运用福柯(Foucault)的强关系中"实务概念化"(pragmatic conceptualisation)的阻力来理解:没有一种关系不存在阻力(Foucault,1980,p.142)。当互动的本质在于测试接受度以及在何种情况下被污名化的个体被期待表现出反

抗被归类到某一特定的类别或群体中去时,污名化便可能成为判断强关系的指标。连带残障是强关系中潜在抵抗的典型代表,会避免残障身份,或者造成接受残障时的利益冲突。

作为法律要求的残障家庭及儿童服务

对家庭与儿童服务供给的法律要求与《1989 年儿童法案》(*Children Act 1989*)有着密切的联系。《1989 年儿童法案》第十七章第一条(a)(b)条款要求:在地方政府层面,家庭有义务保护和养育儿童。同时,该法案的第十七章第十条(c)条款认为,残障儿童是急需帮助的。为明确家庭的本质以供养需要帮助的儿童,法案第十七章第十条规定家庭由任何对儿童负有监护责任以及其他**任何与之共同生活的人**组成。事实上,卫生部(Department of Health,2000a,p.9)表示为了扶助需要帮助的儿童,服务给予到所有的家庭成员[s17(3)of Children Act 1989]。《1995 年照顾者(认证和服务)法案》[*Carer*(*Recognition and Services*)*Act*(*1995*)]要求:包括残障儿童的兄弟姐妹在内的所有家庭成员作为照护者的需要应当被评估。此外,从事残障儿童家庭工作的专业人员也适用于该法律框架。

2000 年 10 月,《1998 年人权法案》(*Human Rights Act 1998*)实施,尽管它不是专门针对儿童,但是其影响不可忽略。克里夫(Cleave,2000)认为,《1989 年儿童法案》和《1996 年婚姻家庭法案》(*Family Law Act 1996*)是为了与作为《1998 年人权法案》一部分的《保障人权与基本自由公约》相呼应而起草的。值得一提的是,该法案强调个人有权不受歧视及要求尊重家庭生活和隐私,并且引入了性别、种族和残障的相关概念。个人家庭生活权利是根本性的,这一概念涵括了所有的家庭成员。但是,克里夫认为,倘若地方政府完全依照《儿童法案实务指南》(*Children Act Best Practice Guidance*)执行,《1989 年儿童法案》的实施就会保持一致。但是,这部法案的应用会增加国家威权侵犯到个人生活权利的状况,因为在个人生活当中,每个家庭成员都具有相同的权利。

雅基·史密斯(Jacqui Smith, 2002)特别提到法律责任的问题以及需要反思且考虑将青少年的想法作为政府政策核心,随后,卫生部长在卫生部行动计划(Department of Health Action Plan)的函件中声称:

> 这项计划体现着听取儿童和青少年的意见以及将这项工作正在逐步扩大到整个部门。(2002.6.20)

这项计划旨在为增进儿童服务而设计的现代化社会服务议程下制定一项政策。事实上,社会服务现代化(Modernising Social Services)议程(DoH, 1998)中宣称:

> 服务传递标准和已取得的成就是不稳定的,尽管许多儿童从社会服务中受益,但是仍有太多令人失望的地方。(引自 3.2 节)

这些议题对于儿童照护是至关重要的,但是残障儿童家庭依旧被边缘化的情况令人担心。社会排斥办公室(Social Exclusion Unit)的成立和《重视人的价值》(*Valuing People*)(DoH, 2001b)等报告的陆续推出说明政府持续关注要提供符合服务使用者需要的服务、重视合作以及推进"权利、责任、公民与参与"的理念(DoH, 2001b, p.37)。所有这些意味着个体应当有能力表达出他们的需要,从而专业人员应该通过最适当的途径去回应需要。但是,在我的研究中,当务之急是在现有的法律规范下对家庭提供支持。在本书后面的章节中,我们将呈现服务供给如何与家庭、父母、兄弟姐妹及残障儿童的需要不相匹配的。显然,家庭将继续是脆弱、无支持且孤立的。在评估家庭需要时,除残障儿童其本身的资源供给外,对其家庭的资源供给是需要着重考量的。

了解特殊教育的需要

《联合国公约》(*The United Nations Convention*)申明,缔约国应确保有主见能力的儿童有权对影响到其本人的一切事项自由发表自己的意见,对儿童的意见应按照其年龄和成熟程度给以适当的看待(United Nations Convention,1989,articles 12 and 13)。论及残障儿童的教育,巴恩斯和莫瑟(Barnes and Mercer,2003,p.45)认为,教育体系中应该纳入"竞争选择和选择"(competition choice and selection)。对了解青少年的愿望及感受而言,寻求他们的看法是核心的,这同时也形成了《1989年儿童法案》的基础。该法案在平衡监护人的职责与残障儿童自身观点的架构下推动了儿童的决策权,慎重考量儿童的观点(Fortin,2003,p.59)。我们需要推动为儿童单独发声,因为这能够促使公众认知到孩子的权利,同时使得儿童被当作独立个体一样拥有权利,从而儿童也是适用于《1998年人权法案》的(Fortin,2003,p.59)。

当教育人员准备决定儿童未来的福利时,《1989年儿童法案》要求其纳入儿童的想法。由残障引发的需要在该法案中被视作鉴定标准。[s17(10)(c)]《2001年特殊教育需要和残障法案》(*The Special Educational Needs and Disability Act 2001*)认定,任何教育机构对待残障者不如非残障者友善是违法的。由此,残障儿童接受主流教育的权利是受法律保护的。但是,《1983年精神健康法案》(*Mental Health Act 1983*)以"精神障碍"(mental handicap)和"精神损伤"(mental impairment)形容不太适合主流教育的群体,以涵盖有学习障碍和特殊需要的人。这些复杂的术语不利于儿童表达自身的观点和作出决策,从而剥夺了他们的权利。在生命历程中,意识到自身观点的重要性会有助于儿童追寻未来人生目标。

《重视人的价值》(DoH,2001b)为学习障碍者的选择和机会据理力争是幸运的。菲森和西蒙斯(Fyson and Simons,2003)赞同这样的观点,学习障碍者的需要是可以通过推动正向改变达成的,尽管《重视人的价值》并没有将儿童与成人一样地定位。在政策方面,青少年在服务供给中的高度参与来源于卫生部对评估的需要(2004a,p.5)。选择对影响着人们生活的计划过程是关键的。只有不止一种选择可供选择时,积极的选择才能实现:这是一个促进以人为本的方法来计划和支持的连续体(DoH,2004b,p.41)。

伦理理解的需要

尽管大众的目光都聚焦到了英国现行的法律上,但是要求保障**所有儿童**拥有非歧视及自由表达的权利的联合国儿童权利公约(United Nations,1989)却是影响着专业实践的伦理的基础。当这些权利与儿童的拥有尊严的权利、独立能力、参与社群的渠道保持平衡时(article 23),它们便展现出了权利框架的雏形。此外,儿童应当有权拥有能够激发他们所有潜能的教育。我们应当知晓所有不利于这些权利实现的因素,从而采取措施改变这种情形。

本书所列出的研究都是与家庭相关的,尤其是特殊需要儿童家庭以及残障儿童的兄弟姐妹。由于残障儿童的兄弟姐妹生活在一个有残障儿童的家庭里,他们会在学校或除家庭以外的社区中遭受歧视。无论这是由于差异、残障还是其他任何原因而受到的歧视,我们必须清楚地掌握这些情况。

融合、增能和忽视是支撑此观点的三个基本概念,且与伯克和奇尼奥(2000)提出的理论框架息息相关。其余出现在白皮书《重视人的价值》(DoH,2001b)中的理论框架都与学习障碍者的权利、独立、选择和融合有关。另外，《社会照顾质量战略》（*A Quality Strategy for Social Care*）一书中提到聚焦于权利、责任、公民身份及社会参与的理论框架（DoH，2001b）。但是，无论运用哪种理论框架来分析，我们的目的都在于关注容易遭受误解和被忽视的需要领域。毫无疑问，我们必须具备对父母的需要和包括残障儿童及其兄弟姐妹在内的需要的均衡了解。

融合实践（Inclusive practice）：特殊教育的案例

融合实践可以简单地理解为消除所面临的困难和问题，将"服务使用者"（service user）纳入所有的规划中。但是，在服务供给和弱势群体用户保护的理论框架下，残障儿童的融合是与权利的获得相关的。我们可以通过先行者的实践和共享可获取服务的知识来帮助他们获得权利。服务供给时，伦理理解的需要会质疑贫穷者和富裕者适用两套不同法律的意义。例如，内阁成员、前教育部部长鲁思·凯利（Ruth Kelly）为她有学习困难的儿子在私立学校谋得一席之地，也因此将政府置于严重的压力之下而备受批评。地方政府有责任为有特殊需要的儿童建造场所，而她的儿子却享有不太富裕家庭无法获得的有利条件（BBC News，2007a）。

我们可以从此事看出，地方政府是处于次等地位的，这也就意味着依赖于地方政府服务的家庭也只能获得二流的服务，因为这些孩子被排斥在以收入水平为选择标准的选择性教育之外。我们并不想在这里讨论政治，我们所要讨论的是双重标准的服务，倘若工作是融合的，那么有特殊需要的儿童理当享有平等获取适合的教育服务的机会。但值得注意的是，欧洲发展基金（European Developmnt Fund，2002）对选择性教育发表了如下看法：

尽管有着美好的初衷，但我们不得不承认建设特殊的项目、特殊的机构、特殊的教育者的结果往往是排斥。区分与辨别变成了歧视的某种形式,使得有特殊需要的儿童游离在主流教育之外。由此,当他们长大成人的时候,通常也被排斥在社会文化生活之外。(pp.63-64)

这意味着特殊教育本身就是一种排斥,因为它在操作层面上包含着选择意味的政策。然而,在我的研究中,大多数父母认为选择可获取的最好的教育资源,无论是特殊教育还是主流教育,都是他们的权利。我们将在第五章中进一步阐述特殊教育和主流供给的议题。

影响着专业实践的社会融合强调积极地助益服务使用者来保障他们的需要被有效满足。奥利弗和巴恩斯(Oliver and Barnes,1998,p.49)认为,向基于社区的服务转变是由专业化决定的,且是一种基于需要的模式,能够有效地分辨和定位服务。因此,专业人员时刻担心自己没有将服务全面地提供给需要它们的人。但是,首先,为家庭服务的人员需要意识到残障对家庭是会造成影响的,且这些影响会渗透到所有的家庭成员,所以不公平的服务供给对于孩子的福利是有害的。通过服务供给的分隔,残障和这些对孩子造成的不良后果也会影响到家庭成员。

种族划分:双重压迫

昌姆巴(Chamba,1999)等人在以少数种族家庭为调查对象的报告中指出,相较于白人家庭,印第安人、黑人及加勒比人等少数种族家庭面对着更多的不利条件。由于少数种族家庭并没有居住在自己种族的地区,他们从大家庭中获取的支持是最少的。相较于白人家庭,少数种族家庭未被满足需要的程度更高,这说明有重度残障儿童的少数种族家庭从社会照护机构获得的服务非常少。菲利普斯(Phillips,1998)表示,有残障儿童的少数种族家庭承受着双重的不利条件:一方面是儿童残障的影响,另一方面是种族问题。借由伯克(Burke,2004,p.56)关于拉尼和艾哈迈德(Rani and Ahmed)的案例,我们可以更加清晰地了解这种状况。拉尼和艾哈迈德的家庭因为家中有残障儿童所以被隔离到小村庄中,并且由于种族背景,他们并不为当地社区所接受。显而易见,歧视源自于两方面。种族差异和残障成为他们无法融入更大社群的阻碍。

服务的平衡

显而易见,有可供选择的服务对个体的需要而言是关键的,尤其是当由于低期望和缺乏充权造成家庭成员可选择的服务缺失的时候。这就是习得性无助,指重复的失败使得期望的结果被认为是无法获得的(Balter and Tamis-LeMonda,2003)。习得性无助形成了内化的挫败感,奋力寻找足够资源满足需要的专业人员维持着这种依赖感。

为寻求更好的服务供给平衡,霍华德(Howard,1999)认为:

> 测量现代政府效能的最重要的方法就是考察其输送服务给当地人民的程度。为此,公平性议题从一开始就需要被考虑到,尤其是合适的协商制度。(p.28)

换言之,服务应当在以需要和服务为依据划分的当地内供给,而不应该因种族而有所歧视。探求人们的需要,尔后给予必要的服务,是在给予残障儿童家庭服务过程中必要的权利。某种程度上,这种权利反映着顾客的想法。

伯克和蒙哥马利(Burke and Montgomery,2000)的试点研究体现着这些经验。现在,根据研究,清晰地阐释所谓的“权利框架”(rights framework)是有可能的。“权利框架”与政府政策和卫生部在《社会照顾质量战略》(2001b)、《重视人的价值》(2001b)以及《与人们共同规划》(*Planning with People*)(2001a,2002)提出的执行建议是相适应的。这些政策和执行建议建立与家庭和专业人员工作的融合途径。当残障儿童家庭融合进社会时,这一认知通过帮助福利专业人员在一系列支持性服务中作选择来规定他们的角色。

多数家庭欢迎专业支持性服务的提供是基础性的,这一点可以从附录一中列出的四项研究来确认。显然,残障儿童的兄弟姐妹也需要纳入与父母、专业代表的讨论中来,但是当他们能够对决策作出贡献和确认服务需要时,他们往往被排斥在外。服务被认为是家庭的基础权利,同时,服务被输送是需要多个推动力的积极实践的一部分。

实务要点

污名和"受损身份"意识真的适用于专业工作吗?

歧视使用轮椅者的机制不在于轮椅使用者这一称谓。这是一个意识上产生污名化的过程,把生理缺陷和智力缺陷等同起来的价值判断在此间形成。同样,由于可感知的损伤,"受损身份"成为特定个体的刻板印象,因此,社会开始排斥这类个体。清晰地了解这些概念有助于确认个体是否被平等地对待,以及鼓励专业人员重新塑造平衡,鼓动大众接受原先被负面标签所影响的个体。

什么是连带残障?

这个概念表明有些人因为其家庭亲属中有被视为有差异的人而被歧视(例如,家庭中有残障儿童),同时这种歧视也会扩散到与他们相关的人身上。事实上,不仅是家庭成员,与该家庭共同工作的专业人士也会受到歧视。这是残障社会模式的一种反映,社会为有损伤的个体构建了一种残障身份,并且这种社会建构将那些所有与残障者有关的人都联系了起来。这就像是对于残障是可传染的恐惧感，如同一种不可见的力量以某种方式从一个个体传播到另一个个体，从而导致了与个体真实本质相违背的压迫性观点，如同被打错灯光的演员一般。

什么是社会性污名？

当由于他人无法满足团体期望而受到歧视时，社会性污名便成为互动中的一个要素。与别人看起来或表现起来不同的人会因为他的不同而不为大众所接受。

情境性污名是怎样的？

情境性污名是由于从属于不同的阶级、团体或地域而遭受的负面评价。例如，当你因为你所处的地方而被视作一个麻烦，这也许会导致一种"外来"的评价。

结构性污名是否不同于社会性污名、情境性污名？

是的。结构性污名发生在掌权者认为他人是较低下的而将他们当作不配的人来对待的情况中。比如面试时，面试官在评价应聘者的表现时有可能存在社会性污名或情境性污名，尽管这一应聘者的权威明显地高于其他人。这可能出现在社会工作者依据个人观念而非专业价值观来进行评估时，服务使用者可能会遭受社会性污名或情境性污名。我们需要强化反压迫的实践来保证服务使用者没有被不公正对待。

什么是伦理？

伦理与价值观的运用和每个人都有自己权利的观念相关。通常，这是专业团队需要支持的守则或权利。对个人权利的尊重是伦理理解的基础。伦理应当处于专业关系之中，包括维护服务使用者和照护者的隐私权、无论异常或正常都要支持他们的自决权、保护和接纳以及保障公平的对待。

"需要法定机构照看的孩子"和"服务使用者"指什么？

"需要法定机构照看的孩子"指由当地政府照看的孩子，无论是出于法律的要求还是因为与监护人的协议。孩子的照料由养父母提供，通过家庭照顾或与延展家庭的成员共同照顾。当孩子通过这种方式被照顾时，他们便使用了当地政府的服务。"服务使用者"这个词适用于接受当地政府服务的任何个人或者家庭。

第三章　童年时期患有残障的影响：基于家庭经历

本章描述了童年时期患有残障的家庭的经历并回顾了从研究概述里收集到的最初的文献和证据（见附录一）。正如一些新的证据表明，先天残障的儿童在家庭的预期方面需要一个重要的改变，这一点是很明显的。它会产生高强度的焦虑、压力和不确定，这在很大程度上是由于对未知的恐惧（Lazarus and Foulkman，1984）。本章通过与家庭有关的三个研究中的一些典型的引证，来阐述童年时期的残障经历。

了解残障儿童

根据特鲁特和希伯特·墨菲（Trute and Hiebert-Murphy，2002）的研究，残障儿童的诊断对于父母来说，从一种危机的反应到积极的接纳有一个情绪上的调整。当孩子出生时，不管他是长子还是其他的孩子，生活方式不得不去经历重要改变，并且要尽可能提前准备。然而，残障儿童的最初诊断，可能会给父母带来额外的、需要去克服的压力。特别是如果父母不理解残障的本质或者残障带给孩子和家庭未来的可能结果，后者引起了一种不确定性，并且与残障儿童生活在一起的这种调整在一定程度上属于应对改变的需要。因此，很有趣的是通过我个人的研究数据分析儿童残障诊断的时间是在出生时还是此后的成长阶段中。作为我早期研究(Burke and Cigno,1996)关注议题的一个结果,我在第二个关于兄弟姐妹的研究的主体调查问卷中增加了一个问题:儿童残障的觉察和残障性质。

发现家庭中有儿童患有残障

当家庭中有一个新生儿时,家庭最初的反应之一通常是庆祝。不论是否诊断出残障或者残障是否明显,一个新生儿都需要大部分家庭重新调整。一些父母很有可能在孩子出生前就被告知孩子是患有残障的。在过去的20年里产检使发现胎儿未来的残障成为可能,并增加了决定是否继续怀孕的可能性。这些对父母来说都是非常困难的事,一些父母可能会迫于压力去作一个让他们在未来几年的时间内后悔的决定(Burke and Cigno,2002,pp.87-88)。对残障的诊断通常对父母来说是一个打击,他们很可能经历了一系列的情绪变动,从拥有一个新生命的喜悦到愤怒、否认、悲痛等反应(Frude,1991;Knight,1996;Russell,1997)。并非所有的人都有一成不变的反应,因此,在各个家庭中或者各种情况下,人们的需要不尽相同。

随着研究从第一项进入到第二项和第三项,我关于残障的知识也在增加(参见附录一 A.1),关于儿童残障早期诊断及其结果等问题也在不断地提出。与顾问团队讨论使得家长非常关心获得残障的诊断以及对未来家庭的影响这些事情变得明晰。虽然看上去是显而易见的,但是思维上的转变涉及对残障的认知和接受,将其视为个人生活中的直接要素,与医学诊断一旦证实的概率相比,家庭接下来不得不适应终生的连带残障。在过渡期进行调整进而接受似乎集中在理解一个儿童(可能就是你的孩子)患有残障,这通常与诊断的情形相一致(但是也可能不一致),可能以前没有从父母那里听说过。孩子的父母可能会怀疑在医生确认之前残障便已经存在了。但是一旦诊断被证实,它表现为关键的一点是没有退路,并且需要大多数父母去调整,去接受他们的孩子确实已经残障的事实,而不是父母之前称作的"损伤"。

在分析研究二和研究三的数据中发现,大部分的父母在他们的孩子1岁前就接受了孩子残障的诊断(在研究二中的比例为48%,研究三中的比例为38%,参见图3.1),而绝大多数的孩子在1岁之后才被诊断出残障(比例分别为52%和62%)。然后,相当多的孩子在超过5岁的时候还处于待诊断的状态,尽管在两个研究中有变化,但这一趋势是明显的。大部分的孩子在2岁前就被确诊,有一小部分但是值得注意的是孩子在5岁之前仍未被确诊。

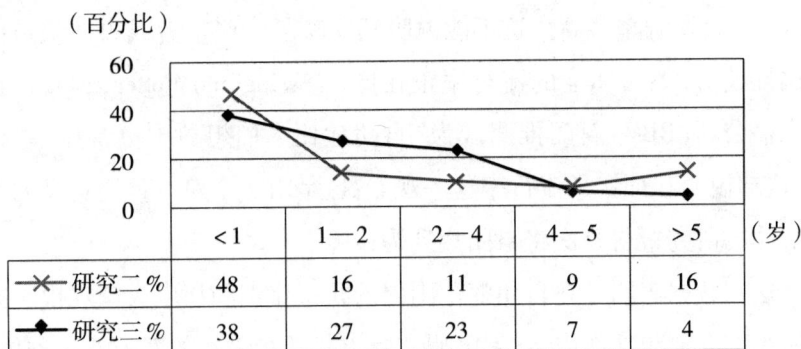

（百分比）

	<1	1—2	2—4	4—5	>5 (岁)
研究二 %	48	16	11	9	16
研究三 %	38	27	23	7	4

图 3.1　残障诊断的年龄

这也引发了一个问题,即为什么一些儿童被诊断的时间早,而有一些儿童被诊断的时间晚呢? 为了从这些趋势中获得一些理解,参考残障识别的本质是有帮助的。这些在图3.2中有显示。

显然对于分组确定的残障情况的两个研究都显示出不同寻常的一致性,这着实令人感到惊讶。因为小组是分别独立进行的,第二个研究局部是基于赫尔(Hull)地区,而第三个研究大部分来自北林肯郡(North Lincolnshire)。前者描述了一个来自儿童中心的所有样本,后者

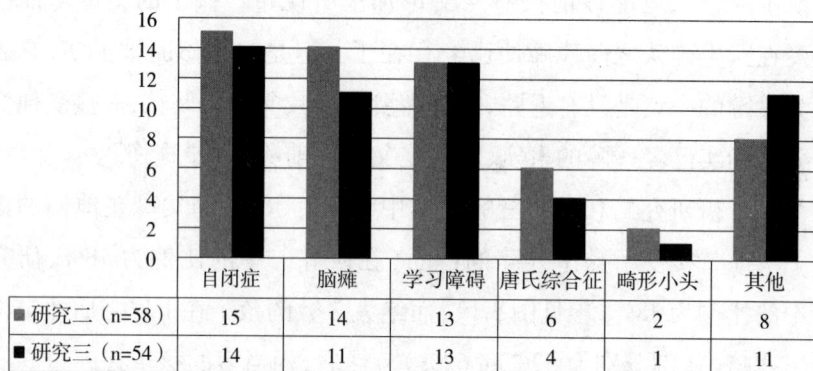

	自闭症	脑瘫	学习障碍	唐氏综合征	畸形小头	其他
研究二（n=58）	15	14	13	6	2	8
研究三（n=54）	14	11	13	4	1	11

图 3.2　残障儿童的类型

是通过一个儿童志愿机构提供的样本进行随机抽样的。

　　有趣的是,参照泛自闭症(autistic spectrum)范围,父母报告的自闭症(autism)发病率最高。这不能说明其反映了一些学者或媒体报道的全国性趋势,如自闭症的流行率正在增加(Wing and Potter,2002),英国广播公司(BBC)新闻推测认为"自闭症比人们想象中更常见"。但是,这却说明和证实了流行率这一观点:这是由一个对有重要意义的儿童群体的研究报告首次将自闭症列为残障。

　　这一数据表明了在自闭症范围内的儿童比例和相应人口规模。如果唐氏综合征包括在内,学习障碍实际上是数量最大的残障儿童群体,因此残障儿童兄弟姐妹的研究更多体现的是那些有学习障碍残障儿童的家庭。自闭症儿童是否也是学习障碍儿童的问题并没有得到讨论(Shattock and Whiteley,2005),但是如果将自闭症视为学习障碍的话,那么从结果来看,残障类型会两极化为学习障碍或者肢体残障,这就限制了某些这两种残障间的过渡性类型。

　　"其他"只是出现在这两项调查当中,它是用来指代那些因为用于比较的共性并不充分而不能简单归入类别的部分。在"其他"的 19 名(8+11)儿童当中,有些是非常罕见的情况,包括巴藤病(Batten's disease,少年型家族性黑蒙性痴呆)、尼曼—皮克病(Niemann - Pick disease)以及其他各种从挑战性行为到癫痫(epilepsy)的状况。

有时候儿童会有多重残障。本研究使用首个被提及的残障类别对其进行残障类别界定,尽管第二种残障可能包含癫痫症或者其他症状。因此,研究结果仅仅是代表了最初诊断的残障情况,这些是大多数父母和家庭在儿童发展的早期阶段被告知的状况。

在研究二中,有超过60%的案例是由医学顾问或者全科医生确认诊断的。有趣的是,只有10%的调查样本是在儿童出生时父母知道他们的孩子是有残障的,这与10个被诊断为患有唐氏综合征的儿童的情况是一致的。

显然,在出生时便知道孩子患有残障与孩子5岁时被诊断为残障对家庭有不同的影响:儿童处在不同的发展阶段,家长的反应也会不同。然而,这个指标在兄弟姐妹关系中并不是最重要的因素。一个预调查显示(Burke and Montgomery,2002),"为什么他与我不同"(p.232)这种不同的感觉仍然出现在一些家庭中,并且在残障儿童的兄弟姐妹之间成为挫败和困惑的潜在来源,特别是当兄弟姐妹逐步长大,他们会更加意识到弟弟或者妹妹的不同。米德尔顿(Middleton,1991,p.124)建议应该依据性别差别看待残障儿童的需要,专业人员不应该"无性别地将残障儿童概念化"。两个研究当中残障男孩的比例都更高(第二个研究中男女比例为35:21,第三个研究中男女比例为40:19),残障男孩比残障女孩多将近50%,这一发现与欧洲科学研究理事会(ES-RC,2006)的全国预测是一致的。

家长对残障诊断情况的反应

有时重复家长使用的字眼来说明他们对残障的反应是更容易的,

这种模式可以让家长为自己发声。根据在本文中提到的所有四个研究的目标,评论是有选择性的以便可以代表其他人。特定残障状况和损伤的性质将会对父母产生多方面的影响。但是得知诊断结果确认孩子患有残障时的看法:"你知道你在哪里,但是你不确定你将要到哪里去?"(7 岁的、被诊断患有学习障碍的杰米的母亲)代表了父母的一些潜在矛盾。另外一个评论是:"我们从一开始就知道她是不同的,但是当他们(医学专家)告诉你那些你已经知道的情况时诊断是有帮助的"(12 岁、被诊断为有自闭倾向的桑迪的母亲)。

明显的是,拥有一个残障类别对于父母来说是重要的,因为这会帮助他们知道去哪里寻求帮助,同时让此前可能没有解决办法的状况变成了诊断的残障类型。因此类似于"这就是为什么……"的评论并不少见。一个怀疑的状况通过诊断得以解决,这看起来对父母来说至关重要。甚至当父母的"恐惧"被证实,尽管关于未来有相当大的部分还不确定,但这种关于症状性质的不确定至少从短期来看会得以解决。

压　　力

压力可以通过任何方式来定义,但是就我们的意图而言,压力是指当我们的惯例改变或面临挑战时所面对的不确定性。根据阿特金森等人(Atkinson *et al.*,1990)的说法,当我们对自身处理那些被视为充满威胁之事的能力不确定时,压力就会出现。霍姆斯(Holmes)和雷赫(Rahe)的研究(Hopson,1981)建议,有压力的经历会不断累积到个人的忍耐点:压力源越大,需要适应的努力就越大。然而,霍普森(Hopson)指出对压力的调节可能伴随一个适应过渡序列,这就导致一旦充分的调节得以实现,压力经验就会内在化。

当遭遇到一些意外事件时,体验到压力增长是十分正常的。尽管米德尔顿(Middleton,1990)认为改变可以是一个积极发展,与残障儿童一起生活将会增加父母的压力体验。巴克斯特、康明斯和尤里提斯(Baxter,Cummins and Yiolitis,2000)的研究表明,残障儿童家庭体验到的压力大约是没有残障儿童的家庭的两倍。因此,应对残障是家庭的一个主要压力因素。

我最早的关于支持家庭的研究(Burke and Cigno,1996)遗憾地指出大量与学习障碍儿童一起生活的家庭并没有达到理论上的内在化和调节。一个家庭照顾他们的孩子17年,却并没能在早期的过渡阶段达到一个调节的平衡状态。其中的理由很简单:与学习障碍儿童一起生活会对家庭持续产生困扰,无论是抚养、上学、兄弟姐妹的关系还是获取稀缺资源。因此,永远不可能有实现充分调节的机会。我的观点是,家庭接纳他们的状况,但当社会和教育经历强化这种差异时,就永远无法实现充分适应,因此社会互动就成为持续的挑战。这一观点在近期关于残障儿童兄弟姐妹研究(Burke,2004;Burke and Fell,2007)中得到了证实。

需要的帮助

调查显示(Burke and Cigno,1996)家庭需要的帮助和协助是巨大的,有超过60%的家庭提出需要帮助。各种状况的支持通常被认为是必需的救生索,特别是当家庭遭遇到危机之时(35名被调查者中有21人提及)。

回收的问卷呈现的照顾残障儿童的实务困难显示在下列家庭活动中:出行是最尴尬的事项(超过70%,52名填答者中有37人选择),其次是邀请朋友到家里来(27%,52名填答者中有14人选择)。"分别做事"妨碍了家庭团结,特别是在安排假期上,30 名在同一团体中的填答者中有 7 人选择了该项。幸运的是,虽然残障的孩子可能会由于以上提到的困难(在移动、出行和进入等方面)而受到更大的限制,大部分的家庭为他们没有残障的孩子安排了促进性活动(93%,45 名填答者中有 42 人选择该项)。

尽管有些收获,但照顾残障儿童由于需要精力,大多数家庭是受限制的。同时因为本质上是少数群体,这种限制意味着从事有偿工作是不可能的。

父母与残障儿童一起生活的意识和感受

在第二个研究的调查问卷中,父母被询问了关于他们孩子的经历和看法。这是识别家庭对他们的残障孩子的态度的必要方式。当儿童第一次被认为是不同的时候,态度的改变就应该会开始。

去发现家庭是如何感知自己与其他家庭的不同是很有趣的。这件事情通过询问家中的残障儿童的经历是否与家中的其他儿童不一样,如果没有残障儿童家庭生活是否会因此不同等问题得以讨论。进一步的问题是询问照顾残障儿童的积极影响,询问必须集中在与残障孩子共同生活的鼓励性因素,以便抽离回答提问过程中可能的消极的、带有偏见的解释。

在对第一个问题的应答中,41%的残障儿童需要持续的监管或者完全的护理照料。进而有 32%的父母因为要照顾他们的残障孩子而有被限制自由的感觉。换句话说,将近四分之三的残障儿童需要来自父母密集照顾投入和关注。然而,同样的团体中,三分之一的父母热切指出他们用同样的方式对待家庭中的所有孩子,尽管事实上大部分残障儿童的需要比他们的兄弟姐妹要更多。这看起来更像是代表着意向而非现实（见第六章关于兄弟姐妹的相对忽视）。一对家长表达了这种差异的体验如下："我的残障孩子需要更紧密的监管或留心，我不得不在睡觉和洗澡的时候更加警惕，确保他们已经服药，每件事情都花费更长时间。"

在对第二个问题的应答中，46个家庭中，有接近一半（21个）表示没有残障孩子的家庭会少些限制。而四分之一（11个）左右的家庭表示如果他们可以不必满足残障儿童的照顾需求，他们可能会寻找有偿工作。一位家长解释道："你需要更多的安排，一个清晰的套路，更多的时间和日以继夜的照顾。你不得不管理药物，监督饮食，这些都让身体和情绪上感到筋疲力尽。"

在对第三个问题的应答中，需要指出的是，照顾残障儿童与对残障相关问题的理解的提升有关（有12个家庭表达了这一观点），家庭因此更紧密联系在一起（有10个家庭），进而有10个家庭表达了"爱和关照"的观点。无论从何种方式理解，这些研究发现，似乎大多数家庭都对他们的残障孩子持尽职的态度，并且花费大量的时间确保他们的需求得到满足。

残障对家庭的影响

然而，以上的观点看起来与关于残障对家庭影响的发现不一致，因为74%的家庭（42个家庭中的31个家庭）表示他们发现，因为残障儿童的需要，他们很难一起做事。超过四分之三的样本（43个家庭）表示家长仅仅有很少的时间关注家中的非残障孩子。家庭遭遇的直接后果就是很难或者无法一起做事（超过70%，41名应答者中有29人表示）。

如果家庭认为一起做一件事是困难的，那么接下来的问题是什么样的替代性资源可以协助他们。在第二个调查中,"母亲"和"社会工作者"获得了相同次数的提及(每个 9 次),其次是"护士"(6 次),家庭、朋友以及全科医生(每个 4 次)作为潜在的帮助来源。有趣的是,"最有帮助的人"看起来在非正式帮助者和正式的健康与福利服务中相当平衡。当家庭没有被划分到与成员共享的被关注群体中时,普通人群也许不会如此急迫地描绘出对帮助网络的需要。次级支持也有被提及,尤其是"喘息服务"(5 个应答者),它的意图是作为初级帮助者的后备补充,回应家人、朋友或专业人员。

与残障儿童一起生活看起来离不开家庭转向各种支持网络,无论是朋友、邻居还是正式的支持网络。各种支持类型之间似乎基本没有区别,因此在推测残障儿童家庭的需要时,专业性支持更多的是被当作普通家庭支持方式的备选方式。其中的区别在于"正常"家庭可能没必要考虑专业帮助,而残障儿童家庭通常会考虑。

母亲的照料和工作机会

第一个研究中的主体调查对象为女性(Burke and Cigno, 1995, p. 16),67 个被调查者当中 51 人为女性(占 76%),相比之下只有 9 份调查问卷由男性完成(注:调查问卷中填答了男、女性别选项的情况如此)。在可以直接对照的第二个研究中,56 名被调查者当中有 49 名为女性(占近 90%),5 名为男性(Burke and Montgomery, 2003, p.12)。在第一个研究的样本中,9 位女性为单身母亲,而后一个研究中单身母亲的数量是 7 个。结果清晰地显示了母亲作为儿童的主要照料者所扮演的重要角色。父亲虽然也被期望加入到照料任务中来,但主要的照顾责任在于女性。

虽然一些问题还没有答案,但是女性并不倾向于有偿工作。在第

一个调查中,26 个女性是全职照料者,在后一个研究中这一数字为 33
个,分别占到 39% 和 58%。在第一个调查中,43%(22/51)的女性是有
工作的,而后一个研究中为 33%(16/49),其余的全部为全职照料者。
典型的母亲感到生活被限制的表达如下:

- "我本应该继续工作,而现在对于我自己和我丈夫来说几乎没
有个人时间,这是身体和精神的双重消耗。"

- "我本应该走一条不同的生活道路,我本可以工作而不是像现
在一样待在家里。"

- (一个更积极的转变)"也许有更多的自由,但是在许多方面却
不够丰富。"

这表明并非所有的女性照料者都有选择工作的自由。在第一个调
查中有 3 个家庭、第二个调查中有 8 个家庭都没有工作。

照顾成本

显然儿童残障改变了家庭中工作的可能性。尤为明显的是,当女
性照料者不能从事全职工作时,家庭的总收入因此相比夫妻双方都有
工作的家庭要少。的确,有报告指出,照料残障儿童的成本将儿童照料
成本提升了 3 倍(Dobson and Middleton,1998)。事实上,女性照料者的
高比例已经减少了就业的前景,并进一步造成家庭的收入压力,因此照
顾成本高于其他家庭时,残障儿童的照顾资源就会不足。爱默生和哈
顿(Emerson and Hatton,2005)预测,与其他家庭相比,残障儿童家庭处
在贫困之中的可能性是其他家庭的 1.45 倍,陷入负债的可能性比其他
家庭高出 50%。识别财政困难而带来的压力,给予适当的帮助服务是
最重要的。

单身家长

先前的研究(Cigno and Burke,1996)显示,残障儿童的单身家长可能会因为在应对残障问题时没有同伴而处在孤立无援的境地。一位母亲说,她的丈夫在他们发展迟缓的女儿上学第一年时离开了家:"他选择了逃避,我也没有了支持。(女儿)受到了影响,她的弟弟不得不接受咨询(p.74)。"在另一个案例中,一位两个孩子的母亲,她的一个孩子患有学习障碍,她讲述了和丈夫的关系是如何因为应对残障的压力而破裂的。分开后,她照顾残障的孩子,丈夫照顾另一个非残障的孩子。

独自担当残障儿童照料者的母亲说缺乏金钱和流动性是主要的困难。正如希诺和伯克(Cigno and Burke,1997)的研究中提到的,一位13岁孩子的母亲说:"我认为对于一个单亲家庭来说,运输工具是不够灵活的,尤其是如果一个单身母亲生病,他们没有属于自己的运输工具。(p.183)"

单身家长发现找到支持是很困难的,于是开始依赖社会工作者。一个母亲说到,她不再有社会工作者,她不知道该怎么办。这表明独自抚养残障儿童应该重视其与其他家庭的相对孤立状态。这样的经验体现了有些家庭在应对残障问题时的困难时期。

由此可见,尽管家庭中有一些可及的支持,但主要照顾的责任仍然在于母亲。单身家长除了独立应对以外没有什么其他选择。我进行的研究表明,即使认识到有资源投入和专业服务的需要,在相对孤立的状况中,单身家长也极少可以自我选择。案例也显示一些家庭因为其照顾经历而有更为亲密的关系。

父母共同照顾

残障并不必然导致婚姻矛盾和离异。许多父母表示他们的关系在应对抚养残障儿童的过程中实际上得到了加强。一位家长这样说："它教会我们更同情他人，它教给我们耐心。我们作为一个家庭有了更多的爱，我们的经历让我们更加紧密。"

在第一个研究中，父母共同工作的经历被 11 个调查对象（占16%）的观点所确认，他们将配偶作为建议和支持的主要来源（Burke and Cigno，1996，p.61）。在第三个研究中，有 13 个调查对象（占 22%）认为他们的家庭因为在照顾残障孩子的过程中相互帮助而变得越来越亲密。这些发现与鲍尔温和卡莱尔（Baldwin and Carlisle，1994）的研究发现相一致，并且证实了布莱卡德和巴施（Blackard and Barsch，1982）早前的报告。泰尼拉、杰威林和库克尼（Taanila，Jarvelin and Kookonen，1998）指出有一半的家长说婚姻关系更加紧密。综合以上的发现足以说明童年残障促使了很多家庭的关系更为紧密。

尽管有证据显示家庭仍然会在一起，但爱默生和哈顿（Emerson and Hatton，2005）发现照顾残障儿童的单身家长比例高于总体家庭（30%比 14%）。因此，照顾残障儿童会使家庭出现两种极端，或者互相支持，关系得到强化；或者分开，开始新生活：这是对既定状态作出的不同反应。

一个此时仍有父母的完整家庭，谈论了对残障儿子西蒙的照顾责任，但是呈现的情形是，当西蒙在家时，一切事情都集中在他和他所能进行的一切活动上。他的两个兄弟不得不处于次要地位，因为西蒙的需要而体验到相对被忽视。

父 亲

戴森(Dyson,1997)的一项研究中表明,残障儿童的父母都经历了比非残障儿童的父母更大的压力。布里顿(Britton,2001)的研究发现残障儿童的父亲需要更多的支持。这一发现回应了维斯特(West,2000)的看法,随后卡彭特和赫伯特(Carpenter and Herbert,1997)指出残障儿童的父亲需要的支持包括与其他父亲碰面的机会。显然父亲的确在家庭中分享满足残障儿童需要时的压力体验,这强化了关注服务提供的家庭视角。

戴尔(Dale,1995)质疑父亲的处境,认为他们的状况缺乏专业关注。尽管从作者的研究中可以清楚地看到男性也扮演着主要照料者的角色,但父亲可能没有得到他们应得的关注。然而,作为照顾者他们仍然是少数,在第一个研究中,有9位男性照料者,在第二个研究中有5位(分别占16%和8%)。虽然这个证据并非决定性的,并且在两个研究中表现不同,但显然一定比例的男性确实承担着主要照料者的角色。因此,仍然要对服务提供和专业支持的需要作进一步的审视。专业的社会照顾工作者在进行有关残障儿童的评估时要考虑到整个家庭(包括父亲)。

来自亲属的支持

扩大家庭可能会给残障儿童家庭提供支持。迈耶和维德西(Meyer and Vadsey,1997)提出祖父母有特殊地位。但是正如默芬维奇、布雷和沃森(Mirfin-Veitch,Bray and Watson,1997)认为的那样,祖父母不仅要挣扎着接受残障儿童自身,而且要认识到自己女儿或者儿子面临的问题。这就为祖父母给需要帮助的家庭提供支持创造了一些困难。

然而尽管认识到这些潜在的困难,实际上一些父母仍然向他们的扩大家族寻求支持。在第一个研究中,有 11 个调查对象(占 9%)这样做了,在第三个研究中,有 9 个调查对象(占 15%)表示亲属是支持的主要来源。一位家长说:"亲属是最有帮助的,因为他们支持并且相信我的女儿。"

家庭向亲属寻求帮助看起来很自然,但是家庭需要的额外帮助往往超出祖父母的供给能力,比如短期的临时照顾或者家庭杂务上的基本帮助,特别是在儿童需要的照顾相当大的时候。

服务供给和专业介入

为残障儿童家庭提供服务对于授权而言具有表面价值,尤其是照顾残障儿童时的情绪调节和财政负担。沃克(Walker,2002)在比较与专业人员接触的频率和服务提供范围时指出,服务会倾向于集中在法定的保护事项,而不是为家庭提供预防性的支持性服务(参见 Burke,Manthorpe and Cigno,1997)。一系列服务供给被视为支持儿童和家庭的"服务链条"(continuum of services),在《有需要儿童及其家庭的评估框架》(*Framework for the Assessment of Children in Need and their Families*)中勾勒出了大致内容(DoH,2002a),因此,评论可以利用的支持是有趣的。

我的第二个研究中(参见附录一 A.1;Burke and Montgomery,2003,p.15)的数据显示,定期收到专业人员支持的 17 个家庭也获得了他们需要的服务。反过来也是如此,因为没有得到期望的服务的 10 个家庭也没有获得专业支持。换言之,定期接触专业人员明显有助于获得服务供给,而不与专业人员联系意味着无法实现服务供给。

现实是没有找到可以利用的服务的家庭(可能包括最脆弱的家庭)将不会接触到专业人员,进而获得他们需要的服务。这些数据(在有限的小规模的研究中得到的)表明,福利体系对那些自助者大有裨益,定期的专业介入会提高服务的可及性。这表明,专业人员应该更加积极地说服那些可能倾向于将自己孤立于社区中的家庭。因为并不情愿接受服务就让这样的家庭"独自过活"是不可以接受的。显然,如果没有接触到专业人员,服务使用者就不会了解服务提供的本质。当适当的专业服务提供者出现时能够将一些问题解决:通过授予权限(许多家庭的经济问题)、喘息服务或者其他有助于减少压力的支持性服务。

结　　论

照顾残障儿童可能是一个 24 小时的、精疲力尽的责任。因此,在家庭里可能会出现如何满足需要或者哪些需要应该得到满足的困扰。我的第一个研究(Burker and Cigno,1996)指出,家庭需要从服务提供者那里获得积极的投入,这个服务提供者应该在需要时回应家庭并提供信息和帮助。家庭在某种情境下也需要专业的技能(Beresford,2003),并且尽管有专家的建议,但很多家庭在迅速适应方面仍存在问题(Oldman and Beresford,1998),例如,有计划地获取专门技能,减少照料困难所需的支持。

贝雷斯福德等人(Beresford et al.,1996)和默里(Murray,2000)的研究显示,当与专业人员共事时,父母会被增能。如果重视和挖掘,父母的观点会有助于对残障儿童需要的理解。因为研究表明有些服务信息并不会被告知,所以从专业人员那里获得可以利用的服务的清晰信息是有必要的(Mitchell and Skoper,2000;Warde *et al*.,2003)。

缺乏额外的援助和资源会导致进一步的压力,从而因为缺乏支持而增加了感知到的压力。不幸的是,最脆弱的家庭是那些尽量不要有任何麻烦、独自生活并且不去积极寻求支持的家庭。如果与专业人员一起共事,情况永远不会是这样。当确认残障儿童的需要去给予他们对未来最好的机会时,自尊心和自我决定需要得到克服。这有时意味着克服个人对于寻求支持和帮助的不情愿,并且认识到接受有利于儿童最适宜水平的服务是儿童的权利。

实务要点

在诊断中确认残障的性质是否重要?

这是一个复杂的领域,诊断是指看待残障的医学观点,它更恰当的是被认为关于损伤的诊断,关系到个体在功能和智力能力上的差异。接下来的问题是损伤如何影响个体的。或者当身体力量缺乏(正如关节炎症状等)时,可能不需要任何形式的医学干预,或者一些协助,例如听觉或视力支持,或者辅具的使用。外科手术可能是诊断过后的一个选择,但是个体如果排斥外科手术,其愿望也应该被尊重。

儿童体验到的实际损伤通常包含父母的投入。诊断在确认儿童需要方面似乎是非常重要的。儿童很可能接受关于他(或她)及代表他(或她)的决定,不会提出疑问。这些因素将会在大部分对非残障儿童而言的普通期待不得不被重新制定时,影响家庭对儿童的理解和接受。

如何质疑你的孩子是否患有残障呢?

这一点关系到家庭第一次考虑到是残障(通常使用这个词而非"损伤")的时机,以及家庭是在胎儿期、出生时还是此后的阶段产生这一怀疑的。较迟的诊断在一定条件下会出现,比如自闭症儿童,或者表现为学习障碍的，在出生时无法检测到的损伤，这些损伤有时甚至上中学时才会诊断出来。家庭会发现诊断可以帮助他们理解为什么他们觉得自己的孩子是不同的。但是研究表明，儿童可能成为家庭的首要考虑，并且确认特殊需要的时候，家庭应该被告知那些可以利用的专业帮助。由于诊断性的预期，药物治疗成为首要的资源，社会工作很可能在这一个情形中表现不充分。

压力反应的结果如何？

根据家庭应对和理解孩子残障的能力，对诊断状况的反应以及与残障者一起生活带给家庭的影响会因对儿童情况的本质及其理解而异。诊断可以被看作是服务的通行证，并且这种看法将会反映那些倾向于以损伤为中心而没有考虑到社会排斥影响的医学视角。专业人员可能会质疑社会和环境的体验是否造成了与任何医疗诊断一样多的压力反应。

父亲和母亲应该总是期望承担照顾的责任吗？

家庭对照顾任务的反应取决于父母。有的通过一起共事而得到强化。其他的母亲可能独自承担照料角色，这会为她的职业前景带来一定的影响，并且可能因此降低家庭收入。尽管研究中大多数家庭呈现出更强的支持性关系，但有些家庭关系因此承受压力，家庭破裂。虽然对残障既有很多积极的观念，也有许多消极的认知。但是与家庭和朋友孤立可能会成为一个消极的指标。有趣的是，非残障的兄弟姐妹也会提供帮助并且承担照顾任务。这个因素并非所有的父母都能觉察到。根据残障的性质，许多家庭将需要额外的帮助。不论是临时看护、儿童照看服务或者直接上门提供帮助，都可以为家庭照顾责任提供一个休息的机会，或者从维持家庭的额外任务中解脱出来。

是否需要专业支持？

这是有关健康、教育、福利等方面的专业人员所提供的支持。不可改变的是，一些投入总是受到家庭的欢迎，一些人则会拒绝承认这个需要,无论是因为出于对残障的不接受,还是担心他们的家庭没有照顾的能力(因此他们的孩子需要他人照顾)。显然许多单亲家庭寻求帮助不是很积极,从而导致他们没有获得帮助。无疑这些家庭应该意识到获得专业支持的权利,父母和照料者需要感受到获取服务并不是失败的象征,而是意识到他们的照顾责任需要得到后备支持,以帮助他们降低潜在的、因沉重的或未缓和的照顾责任而建构起来的压力。

第四章　儿童期残障的影响：专业的理解

本章继续检视那些已有研究提出的、和残障儿童一起生活所产生的一种对全体家庭成员的残障身份认同。这要求对家庭有一种专业的理解，以便家庭能有足够的自信去利用福利机构不同层次上的支持、救助和服务。为了展现和残障共生所显现的那些以依恋、改变和抗逆力等概念为基础的持续的特定经验，（残障）对家庭的影响将以案例来说明。我将在两个案例研究中，使用以儿童为本的实践框架，用来说明家庭体验。

依　恋

处理新体验的能力，明显和儿童早期阶段、通常是和某个家长形象所形成的"依恋"有关（Bowlby, 1951; Rutter, 1987）。经过一段时间后，儿童已经开始对友善刺激有反应，并在生命里的第一年中学习辨认那个照顾他/她的人。鲍尔比（Bowlby）总是管那个人叫妈妈，尽管"妈妈"可以泛化为在儿童早期发展中的某个最具有显著影响的人。这一理论提出，建立依恋能产生良好的亲密关系，如此，人们期待一个有良好依恋关系的儿童可以和其他人形成各种关系。儿童能够学习到亲密关系所给予的社会互动，很可能对他或她自己的生活带来积极后果。良好依恋行为的影响，和处理情境改变的能力、处理困难的能力，包括克服逆境都有关。依恋能够产生处理成年生活中的损失(loss)的应对机制,这一观点和塞布尔的研究结果一致(Sable,1989)。

但是,没有牢固依恋关系的人(如那些在儿童早期经历中没有照顾体验的人)可能会发展出一套防御机制来应对损失。费尔伯奇(Falhberg,1994)识别出一系列和依恋相关的困难,包括高度焦虑、冲动控制不佳、缺乏积极自尊、信任度低、情绪问题、想法另类、肢体或表达困难等。简言之,依恋感能帮助我们处理那些可以预期的事(如损失或哀丧)。但是,它也能对那些无法预期的事件作出假设(如有严重残障孩子的降临),不良的依恋感会伴随着损失或丧亲之痛的感觉。社会关系里的各种问题都能说明不良早期依恋的情况。对一个不可预期事件发生的反应,可能和一个丧亲过程很类似,但是,由于我们不能知道或预测一些特定类型场景,当它们真的发生时,它们激发出防御机制来对不确定性进行保护。

防御机制

在本书第三章(参考 Hopson,1981,citing Holme and Rahe),我提出不断积累的压力体验会影响个体形成这样的观点:他或她不能处理那些引发紧张感的事件。这种影响的本质很有趣。心理学家(如 Atkinson *et al.*,1990)告诉我们,不需要意识到参与的过程,通过获得一个或多个防御机制我们能处理好压力。防御机制是回避的、无意识的处理压力的一种形式。它所包括的各种形式如下:

● 压抑(*repression*)——通过把痛苦记忆排除在脑海外的方式,非自愿地封锁痛苦记忆。这和抑制(*suppression*)不同,后者是指通过有意的隐藏来否认对某物的渴望。

● 退化——当压力事件发生时,某人心智回到了一个更为不成熟的状态或时期。

● **合理化**——为一个事件找到解释或理由(它可能是,也可能不是很有逻辑的)。其目的是用一个看起来更易于接受的或有道理的方式去解释某个事件。

● **反作用形式**——表现的方式和情绪感受恰恰相反。

● **投射**——把抱怨指向他人的一种方式。

● **知识化**——通过抽象处理,回避创伤情况下的情感内容,得以获得超然冷静。

● **否认**——对任何已然发生的改变或存在的困难,采取回避现实的做法。

● **替代**——通过把情感能量转移到其他活动中,找到发泄强烈情感的途径。

上述因素可能会有一些重合,如替代可能和反作用形式就有关联;但是,这里的关键并非要精细化防御机制的本质,而仅仅是澄清它是试图克服困难和压力经历的一种自然反应。防御机制使我们能够有时间对诸如创伤或损失进行再度调整。

人们可以把调整的过程部分解释成为改变作准备,而这可能会部分地,如果不是全部地,使由意外的改变带来的紧张有所缓解。根据斯特罗布和舒特(Stroebe and Schut, 1999)的研究,在处理创伤和让时间疗育创伤的过程中,悲痛的反应可能会出现。尽管验证某人对压力体验的现实反应,看起来有一种自然镇静后果,但是,人们在接受还是拒绝某事上,产生的还是上下浮动的情感。作为我们自己防御反应的一部分,这种拒绝形式会有一种使人恢复精力的功能。这也和作为一种偶然的情感体验的退化模式相互吻合,当某个个体重温他/她心头的创伤,若能接受专业咨询,那么讨论那些经历或许能让他/她受益。

霍姆斯和拉埃尔(Holmes and Rahe)的转换量表显示这些事件而非哀丧叠加在一起增加了个体的压力体验。这并不是说家庭体验的哀痛,是因为孩子有了残障,而是,提出家庭内的残障反应可能是压力重重,并导致了一种无意识的防御策略。家庭可能采取的回应包括:否认孩子有残障;否认需要额外帮助或支持;或否认残障造成了什么差异。事实上,否认是某个生命改变事件发生后的自然调整过程,所以一些形式的否认人们是能预料到的。

弗仑奇对这一观点也有所说明(French,2004),她是一位有视力障碍的女性,她谈到她是如何意识到他人的需要,并否认了她自己的残障以减轻残障给他人造成的显而易见的不安和紧张。弗仑奇之前就发现,在她坦诚讨论她的困难时,这样做的结果会导致失望、疑惑和不同意见;但是,当她假装能看见她看不见的东西时,她产生了一种"正常"和被接纳的感觉,而这也避免了他人的取笑,这和她的假装还形成了共谋。弗仑奇总是被人问到"你能看见彩虹的颜色吗?",她是不能的,但她简单回答一个"能",就得到了他人的认可。这是否认的一种形式,但同时,它也是和他人互动技巧的一部分,在面对自己的真实处境时,让自己刻意表现出一副"勇敢者的面孔",而不要推动别人也这么做。这恰恰是抗逆力包含的内容:根据境遇作调整、不大惊小怪、在过程中得到认可。这是一些家庭所采取的机制,他们把他人的需要置于他们自己需要之前。

防御性态度提供了一种处理残障带来的、大多数家庭与残障共存新体验所具有的不确定性:不确定是由于不熟悉或不理解,特别是初期时,残障对家庭生活形式带来的后果、社会经历和那些看似无法回避的专业支持需要。

抗逆力 (Resilience)

抗逆力有助于增进处理不确定性的能力。丹尼尔、瓦塞尔和吉利根(Daniel,Wassell and Gilligan,1999)都偏爱使用抗逆力这个概念,而弗那吉编辑的书中(Fonagy et al.,1994)对它的说法为:抗逆力是"在困难状态下的正常发展"。根据佩恩、合恩和雷尔夫(Payne, Horn and Relf, 2000, p.22)的观点,尽管,脆弱性和抗逆力方面的个体差异可能会影响适应的程度,但是,所有的青少年都有适应困难处境的能力。吉尔曼(Gillman, 2004)提出,若干有害的或保护性因素会对儿童产生影响:把有害等同于风险的一个组成因素,保护性的因素包括在家庭内根据情况提供支持的可能性。他提出把困难和支持性体验结合在一起用来发展抗逆力。斯特罗布、斯特罗布和汉森(Stroebe, Stroebe and Hansson, 1997)提出,各种研究中可能忽略了对儿童所具有的明显的抗逆力的研究,它被认为是功能紊乱性素质而非处置困难。沃尔纳(Werner, 1990)检视了国际上对这一主题的研究发现,具有抗逆力的儿童能引发他人的积极反应,因为,有抗逆力的孩子有良好沟通技巧、有社会性和独立性。这意味着抗逆力是关于管理困难境况的能力。看起来,抗逆力是可以习得。但是,如果儿童发展出能力来处理困难并发现一些对付上述困难的解决方法,它要求有一种早期依恋经历。

我在之前已经描述了行动中的抗逆力(Burke, 2004, p.86)。12 岁的安吉尔对她 9 岁有学习障碍弟弟约翰的种种反应。她把她对待她弟弟的行为描述为:"有时我就抓着他(如果他用无休无止的问题折磨她,同时他还不能理解答案,我就很沮丧),我就改主意了,开始和他玩打仗游戏,他喜欢这个,而我也得到了宣泄。"安吉尔允许她自己朝他释放怒气,但是,又能控制她的怒气只瞬间表达,她使用怒气时是建设性的,意识到他和她自己的局限性。结果,她用积极方式替换了她的怒气;事实上,她因为这样的行为受到了表扬。

家庭里抗逆力的表现有防御特性,允许表达怒气(抵制沮丧),并且这能从家庭经历上升到社会交换领域。因为互动是交换的(Goffman, 1963),他者对残障的反应所产生的污名化后果,使家庭必须建构起和残障的关联。它也关注了那些超越与残障儿童一起生活的亲密家庭体验者的表述,这一因素的特点是日常互动和交往构成了社会生活。因此，改变体验的本质是值得进一步研究的。

转　　变

研究显示重要改变能产生压力，因为新的体验总是和挑战、不确定性和对未知的恐惧彼此联系在一起（Lazarus and Foulkman，1984）的。当不可预期的事情发生时，人们体验到不断增加的压力是再平常不过了。米德尔顿（Middleton，1999）提出，改变能带来积极的认同。更何况，积极认同是关于对自己的感觉良好，"获得了关于种族、性别、年龄和容貌的认同"（p.127），因此，作为残障者他/她获得的认同，应该涉及自我的接受和公众的首肯。

沃尔芬伯格（Wolfensberger，1998，p.119）也表达了这一观点，他写的关于"可调整的认同"（adaptative identity），作为遭到贬损的人群发展能力的一种方式，如此的话，当社会接纳状况出现时，前者就减少了差异感以及和污名关联的被贬损的状态。当人们不再认为残障是个体问题时，这就很像是在实施社会模式；需要的是确保融合以及社区内人们的接纳。

和残障者一起生活，可能会带来能干什么不能干什么的观点上的改变。下面引用一个妈妈的话作为说明："学校放假期间，出门总是很难。我不开车，乘坐火车去海边，单程还好，但是，返程就是噩梦。返程火车总是人满为患，安排我儿子的轮椅总是非常困难。"这样的反应，和坚持有一个短期休息，都说明妈妈意识到了困难的存在。但是，她调整她和儿子处理公共交通的能力，意识到了困难，但也接受出门一天的好处所带来的挑战。

转变使得适应过程得以实现：抗逆力就是调节成为积极体验的能力。然而，任何调节都是有潜在压力的，因此理解压力的本质有助于对人们的处境形成判断。

转折阶段的调整

为了适应压力体验所在的调整,产生了各类防御反应,而这些可能和"丧亲"的阶段发展很不同;也就是说,当压力足够困难时就需要予以克服了。对于高压的克服过程总是导致转折性调整。例如,成为父母就是一个重大转折、开始上学或事实上的从儿童转变为青少年等,都是如此。

为照顾残障儿童所作的调整,对家长而言是个转折。因为在学校操场上差异显著,所以和残障兄弟姐妹生活在一起的经验也是某种形式的转折。当有人和我报告说这类话时"你的哥哥精神有问题,你也一样",这就很明显。这种话很伤人,而且可能不能得到容忍和成熟的理解,但是,却需要对他人这样行为有种抗逆力的态度。研究显示,任何形式的转折都会产生压力(Jones,1998),而且,在某些情况下,压力可以得到适应,但是转折本质需要得到理解。不过,抗逆力有助于解释为什么,当面对看似相同的情况时,人们的表现却大相径庭,具有抗逆力的人总是用一种更好的方式来处理问题。

因此,抗逆力是一种处理困难情境的能力。这恰恰也是兄弟姐妹和残障儿童所面临的情况。正如我发现的,父母的观点是"他们的成熟超过了他们的年龄",用以解释有残障的孩子他们的兄弟姐妹所共同具有的成熟和理解力。

丹尼尔(Daniel *et al.*,1999,p.61)描述了一个有助于理解抗逆力落点的儿童为本的框架,图 4.1 是对它的说明。此图包括纵向和横向两条轴线。纵轴显示孩子可能处于从脆弱到有抗逆力标尺的任何一点上;横轴把孩子标记在从不利的环境到保护性环境上的任意一点。这就把孩子放在四个象限中的任意一个了。具有抗逆力且受到保护的孩子其特质是有良好的问题解决能力,呈现在图 4.1 的第一种情况中(1)。第二种情况(2)具有抗逆力,但处于不利环境的孩子面对家庭婚姻不和谐并寻求成年人的帮助。第三种情况(3)呈现的是脆弱且处于不利境遇的孩子,在家庭、学校和社会上的依恋感都很差。第四种情况(4)体现的是对脆弱孩子的过度保护。

我自己处理儿童为本框架取向时提出,纵向轴线所代表的线是从社会排斥到社会融合,而横轴显示的是从无力到强有力的维度(Burke and Cigno,2000,p.4)。这些也包括在图4.1里了。后者的好处是,人们可以在各个象限中识别出实践做法技巧,作为专业介入的起点。在诠释孩子需要时,我们建议让相关做法契合到四种辨识出来的类型中:自我倡导、支持、预防和增能。所有这些呈现出的是,伴随初期对家庭和孩子可能的身份认同介入与识别,所提供的工作模式的各种可能途径。这里建议不是绝对的,根据专业判断,并用相应模型来工作,只大体契合即可,这一点很清楚。

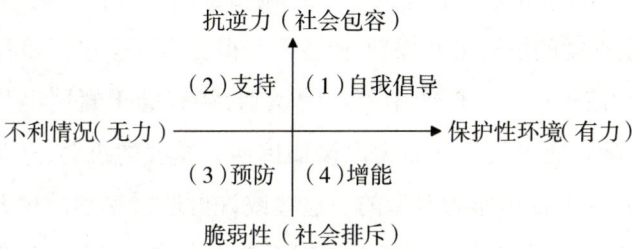

```
                    抗逆力（社会包容）
                          │
          （2）支持  │  （1）自我倡导
                          │
不利情况(无力)───────┼───────▶保护性环境(有力)
                          │
          （3）预防  │  （4）增能
                          │
                    脆弱性（社会排斥）
```

图4.1 儿童为本的框架

──基于丹尼尔编辑(1999,p.61)并经伯克和齐格诺修改(2000,p.4*)。

弱势儿童

图4.1所呈现出的最困难的情况是在第三象限,当一个孩子是脆弱的且是不利环境的影响对象,随之而来的就是无权力和遭到排斥。预防性措施中的一个极端例子就是有必要把这个孩子从受虐待的家中,转移到一个有保护的环境里。研究显示:残障儿童比非残障儿童面

临更大风险。尽管数字各异,但是克罗斯、凯伊和瑞特诺夫斯基(Cross,Kaye and Ratnofsky,1993)发现残障儿童受虐待的几乎是非残障儿童的2倍,而苏里文和克努森(Sullivan and Knutson,2000)在美国的研究发现,残障儿童遭虐待或忽视的比例大约是其他人群的 3.4 倍。索布谢(Sobsey *et al.*,1995)早些年的研究提出的比例更高!

不论我们引用什么样的证据,残障儿童遭虐待的可能性更多是确定无疑的。但是,虐待明显增长的趋势,是否实际反映了我们倾向于把残障儿童置于保护性登记系统呢,这个问题并不清晰(Morris,1999),所以,可能在某种程度上,现实是失真的。但是,(虐待)这类证据始终存在,且研究发现这些都毫无疑问和家庭持续增多的压力体验有关。需要对孤立无缘和脆弱家庭增加支持服务,这一点也很清楚。在少量的极端案例中,这类需要可能就是简单的为我们所关注的儿童提供表达的机会,使他理解并作出和年龄相符的选择。一个调整方向的保护性策略,其用意是获得一定程度的抗逆力和保护,使孩子变得更为社会包容和有力量。

人们对孩子在这一框架中落点的识别,将有助于甄别出我们改进的道路。或许,通过集中注意力以增加抗逆力发展的机会,这是以鼓励提高问题的解决技巧作为典型的。这些或许可通过聚焦减少儿童所面对的脆弱性体验而获得。例如,在面对无能为力的孩子和过度保护的父母时,需要的是为了且能激发更多自由、肯定地表达和引入促进选择的新体验。第二象限需要的是支持,且支持要得到评估鉴别。个体的情况并不必然和这一图完全契合,但是,它指出了从哪里开始的起点。

这显示出,安全环境能提供机会,用来鼓励抗逆力行为的儿童为本的进路,可能对孩子是有帮助的。然而,尽管这些目标都值得赞美,但是,在涉及残障儿童时,有时很多事情都是更为基本的,一如下面案例所呈现的那样。这里的观点是,为了促进选择,有机会对给残障儿童提供照顾的本质提出质疑是为了获得更高成就的基础。但,如果安全环境实际上限制了机会,那么这些就不会发生,因此,儿童为本的框架的辨识力会增加机会。

案 例

下面案例取自我早先的研究(Burke and Cigno,2000),它们的重要性在于发展了一种对关联状况意涵更为细腻的理解。这些案例是第一次使用;它们提供了一种对两个和重度残障儿童生活在一起的家庭情况的关注。这些案例说明对类似情形,人们提供的服务是多么的不同(我们改变了所有引用的应答者和被访问者的名字)。

约翰的案例

约翰出生时是个健康孩子,但是,他的妈妈在对他的照顾上有问题,在她要求下,约翰进入地方政府照顾体系。照顾程序顺利启动,而约翰也到一户寄养家庭开始生活。在得到 9 个月的照顾后,约翰因被自己的呕吐物呛住而心脏停搏。他得了脑损伤且人们认为他没法活了。然而,他慢慢地恢复了健康,但是,却只能食管饲食,只能用微笑和做鬼脸来交流。他被诊断为痉挛性四肢瘫痪,几乎没有什么自主运动。离开医院后他回到了寄养家庭。

起初寄养照顾者很难管理约翰,随着政府提供的社会服务支持,及一段时间的、针对脑损伤儿童的专门部门的密集康复训练,寄养家庭开始学习如何管理约翰。约翰因为康复训练,在喝水和吃饭技巧上得到了改善,尽管他不能说话,但是,看起来他很喜欢看电视。他返回寄养家庭的计划伴随着对家庭的大型改造和通过对家庭增加寄养照顾补贴的经济救助。寄养家庭保持着和约翰原生家庭的联系,约翰也有了一个舒服的家庭生活。

控制的核心。在这个家庭中,照顾者掌握内在控制。人们帮助他们对他们的住房进行必要改造,伴随着来自恰当专业人士代表的建议,他们也和社会照顾工作人员紧密合作,确保约翰的需要和寄养家庭的需要都能得到满足。

马修的案例

马修出生时是健康的,但他 3 岁时得了脑病并被当作儿童癌症进行治疗。他对治疗的恶化反应造成他昏迷不醒,人们都认为他不能活了。然而,他逐渐恢复了健康,但是,却只能食管饲食。他开始用微笑和做鬼脸与人交流。和约翰一样,马修也被诊断为痉挛性四肢瘫痪,几乎没什么自主运动。

很快,在马修 4 岁生日之前他回家了,他的家庭带着新出生的小弟弟一起,在医疗和社会服务支持下,开始尽可能地恢复他们能过的生活。5 年后,马修恢复用嘴吃饭,但是,他还有交流困难,并且由于体弱和不能走动,他的照顾需要得到密集关注。

家庭住房需要进行一项大改造,随着对家庭收入的财政评估,结果是政府提供一个特别的电梯以及浴室和卧室设施。马修家庭的需要和约翰情况类似,但是,马修家庭花费了更长时间,而且是由其家庭向申诉专员投诉后才得到的。这一投诉得到了支持,地方政府给了这个家庭一小笔经济赔偿,并确保援助包括对家庭提供改造。

控制的核心。在这个家庭里,控制的核心是外在于家庭,因为他们等待地方政府提供按照职责应该提供的所需改造。申诉专员在对这一延误进行调查时,作为一个独立的外部机构,将一些控制权还给了这个家庭。

评论

约翰和马修表现出了类似的需要,他们都对他们照顾者的支持有高度依赖性,一个是寄养家庭一个是原生家庭。两个家庭看起来都提供了他们能够提供的最好照顾,并且,尽其所能地对待他们两个青少年。这里我提出一个问题,残障儿童是在寄养家庭好呢,还是在原生家庭好?依恋理论很可能推崇的是原生家庭,这样的话改变也是最小的。

尽管如此，作为早期习得经验的依恋是能转移的，如果原生家庭不能应对，那么人们可能会同意如果有家庭选择照顾这个孩子，那么这就是这个孩子的（最佳）利益了。在孩子需要得到满足上，上面两类家庭情况是给予了相同的照顾；现在的问题是，两个家庭的地位是否也相同呢？

因此，接下来的考虑可能提出一个关于这两个家庭照顾残障儿童能力的问题。在约翰的案例中，寄养家庭在约翰的不幸经历导致脑伤后，觉得有责任照顾他；马修家庭也是类似，所以，两个家庭看起来都做到了最好状态。但是，服务专业人士认为寄养家庭是服务提供者，而原生家庭被视为服务使用者。前者因提供服务而得到报酬，后者有普通人的养育子女责任且并未得到更多的钱。特威格（Twigg，1989）认为，寄养照顾者是正式的照顾者（formal carers），而家庭是非正式照顾者（informal carers），这反映了把照顾者作为专业人士和把家长作为非专业人士的一分为二的情况。因为福利专业人士并非平等对待两个家庭，由此引发在权力分享上的抗拒（Foucault，1980，p.142）。尽管如此，两个家庭都有权得到与照顾残障人士有关的福利津贴。

服务提供者和服务使用者上的差别，引发了是否每个家庭都得到了福利专业人士同等对待的问题。两个男孩的物质待遇上有一些区别；对第一个男孩（约翰）的服务中包含一个被提高金额的寄养照顾补贴，而原生家庭没有这个。或许这也是我们所期待的，除此之外，约翰被给予专业康复而马修没有，约翰很快就得到了一个有针对性设计的（家庭）改造，而马修没有得到（这也是申诉专员所调查的），因此，看起来专业人士倾向于与专业人士一起工作和相互帮助，寄养照顾者作为正式照顾者是服务提供者，家庭作为非正式照顾者是服务使用者。因此，服务专业人士对待原生家庭有些歧视，因为，他们没有意识到对待服务提供者和服务使用者要平等。也许一个简单的风险评估就能显示原生家庭在困境中煎熬，而寄养家庭没有。替代性的服务提供者也没有，于是，这里显示对养育子女的依恋关系的考虑超过了专业服务提供者。

　　这里还需要指出的是，这两个例子都是很极端的案例，在任何情况下都不能反映目前的服务实践，只是例子而已。我们希望这样的说法是真的，但是，伴随很多良好意愿，服务实践并不总能保证实施，因此，上述例子显示了服务里一些差异是如何出现的，而且，除非人们做比较研究，否则大多数的专业人士不能自觉地意识到在资源供给上的差异确实存在着。

结　　论

　　对所有家庭而言，服务供给并不是一样的，而且，报告说一些家庭还回避且尽量少地使用服务。于是，这就提出了一个问题：被标签为服务使用者是一个污名化的体验吗？看起来是的，所以，避免使用也可以理解。但是，家庭为之付出的代价是，这些家庭面对照顾残障儿童过程中不断增加的压力，而且，也在服务供给上面对被拖延的情况。对专业人士就甄别需要时所作的调查，所有的家庭成员都感到很焦虑。他们体会到了被拒绝和想获得的需要被阻挠的情况，尽管，对抗逆力品质的鼓励看起来指明了处理他们境况的能力。儿童为本的框架叠加上一个行动导向的服务实践分类，有助于展示改变是一个需要获得的过程。只有这样，专业人士才能认识到人们不是机器人，他们都是不一样的，每个人都带着之前的经验用不一样的步调工作，这就使得调整没那么容易得到了。

实务要点

早期依恋能产生什么区别吗？

　　依恋涉及的是，在孩子早期发展阶段，发生在孩子和他/她的照料者(常见的是妈妈)之间的亲密关系。在残障儿童情境中,有些家长提到他们感到在他们知道孩子有残障之前可能和孩子有一个更强的依恋感;另外一些人较早知道了他们孩子的不同,简单地感觉他们从一开始就接受了孩子的残障,所以,他们的依恋感是完整的。事实上,一些人发现,对残障的早期察觉(或更多是一种损伤)引发的是复杂的反应,从家庭期望未得到满足的意义上,由于对他们孩子未来的生活质量不确定,这些家庭的早期依恋感实际上遭到了阻碍。看起来所有家庭,在对残障儿童的反应上都是不同的,在孩子和家长亲密关系建立上,早期的接纳是个重要考虑因素。

对残障而言,人们体验到的总是消极反应吗?

可能由于需要理解并开始在家庭中接纳残障,人们对儿童残障现实的最初反应是试图回避,这种经历并不少见,且伴随一些消极体验。部分原因是因为,家长或照顾者可能发现很难接受他们的孩子有残障,而这可能在未来对他们自己和其他家庭成员有重大影响。社会态度上的变化也可能有助于克服一些消极观点,而专业人士也被用来协助这一进程。

一些人是比另外一些人更有抗逆力吗?

不论是否我们有某些被界定的残障或损伤,我们都是不一样的人。人们把有处理问题的可行能力和在困境中作最佳选择的能力叫作抗逆力,或"在困难状态下的正常发展"(Fonagy *et al.*, 1994)。残障儿童及其家庭就是这种情况;通过提供作选择的机会和参与到决策制定中,会使抗逆力的特质得到发展。这些情况有助于人们表达他们个体需要并以积极方式承担责任。

家庭能够适应改变吗?

新的体验能够引发一些压力。和残障共存的生活需要和专业人士交往。如是,人们就经常要体验资源和供给的改变。当专业人士给出的建议让家庭成员感到权力被剥夺,或者难以实现时,那就促使这些家庭中断与专业人士的来往。在《通用评估框架》中引入牵头的专业工作人员,应该能减少这些家庭体验到的最初反应性的压力。

转折性状况是什么?

为了获得改变,任何需要的调整都是一种转折。这可能是在态度上的接受残障,或者由于学校里的改变、转移到了一个新环境等。专业性的评估有时会说明转折性的情况,如根据学校需要和从中等教育转移到另外的照顾或其他教育服务供给上,所需要的一个适应计划。

什么是儿童为本的框架?

它是一个专业评估,设计用来识别一个孩子转折调整中他/她可能需要适应、界定他/她要得到保护的需要和提供包容环境的可行能力。儿童为本的框架把孩子的需要置于家庭的中心。这一框架可能需要一些特定的程序做法。《通用评估框架》这一设计用来启动甄别孩子需要时的一定程度上的规范性调查。然而,单独的程序性指南并不总能确保随之而来的专业判断,但是,它应该能说明作出的决定是基于评估收集到的信息。一旦服务需要被决定了,任何在服务供给上的缺口就能被看出来,从而落入"未能满足的需要"这个万能分类里。

残障儿童需要儿童保护(系统)吗?

根据统计,残障儿童比非残障儿童更容易遭虐待(各类数据不一样,从2倍到接近4倍),因此保护的问题确实存在。所以,我们需要了解这是为什么,这一点是极其重要的。这或许反映出家庭的额外压力,以及一个过度反应的趋势,但是,它同样也意味着是过分表现或有对被虐残障儿童贴标签的倾向。不论是何种事实,对保护性服务的需要是清晰的,而且,孤立家庭特别需要帮助,而非成为在服务供给中被排除出去的主体。我们不能容忍虐待情况的存在,这一点也很清楚。但是,危险在于忽视家庭需要,可能加剧家庭境况下的种种压力,在这里,照顾责任似乎未得减轻,这样的家庭是需要专业支持的。

第五章 早期生活转变中的支持

每个儿童的成长过程都充满了转变的体验：进入校门、离开校门、离开家庭、从家庭照顾走向更为独立的生活方式。转变是本章的讨论重点，指从依赖向独立的变化过程，这里的独立往往是指离开家庭独立生活。对残障者而言，在离开学校的转变已经被纳入考虑的情况下，离开家庭并不新奇，因为家庭支持的本质不仅包括家庭内的直接照顾，而且包括入学、喘息照顾服务。转变的概念框架当中包含家庭学会调节生活体验并作出改变，研究重心由以儿童需要为中心转向关注成年人需要。

为了理解残障给残障儿童及其家庭带来的影响，本章尝试探索残障儿童成长过程中经历了哪些转变，如何从家庭照顾者那里获得独立。这里尤其会涉及改变家庭对残障儿童需要的理解，虽然残障儿童在一些个人生活需要方面仍然必须依赖他人照顾，但其需要本质上应该被视为独立的青少年的需要。当家庭认定残障儿童是"无法独立的孩子"时，是很难意识到其实现独立的需要的。

独立、互相依赖和依赖

独立是关于自主决定和自主行动的。身有一定残障的个体有些事情无法自我完成,依赖也可能因此而生,但这并不必然意味着人们可以控制提供帮助的过程而使其陷入依赖。奥利弗(Oliver,1990)指出对自己生活的控制权是每个人的基本权利,当个人是依赖他人者,那么自我增能(self-empowerment)意味着获得自我控制。

正常的儿童发展过程都有一个从依赖到相互依赖、再到独立的自然过程。

● 依赖阶段处于个体依靠他人抚养和照顾时期。

● 相互依赖可以被看作是一个分享过程,在互惠性安排基础上出现一些自我控制。

● 独立出现在个人完全控制自我行动和关系的情况下。独立在一定程度上是虚构的,因为社会融合有赖于人际的依赖,特别是作为我们生活基本方式的家庭制度。

举一个基本的案例,儿童要遵从家庭的就餐时间和方式,因为父母决定了就餐安排,遵从是因为存在依赖关系。当然这是一个过于简单的说明,也许有些家庭是根本不坐下来吃饭的。然而,非常明确的一点是,相互依赖意味着分享和责任,随后家长有责任在儿童发展转变过程中将作决定的权利移交给儿童自己。

转　　变

在讨论转变时,伯克和希诺(Burke and Cigno,1996,p.114)提出,虽然每个案例各不相同,但残障儿童家庭在这个阶段的经历却有很广泛的相似性。这里值得一提的是,描述性的说明会产生规范化的假设,这些假设可以将他人的经验类型化,从而帮助我们理解残障儿童家庭在就学及之后生活阶段的经历和遭遇。霍普森(Hopson,1981)提出了"调整"(phasing)这一概念,与伯克(Burke,2004,p.30)用适应性阶段来解释人们丧亲后的经历类似,两者都是强调从一个适应性阶段到另一个适应性阶段的调整、适应和改变。

麦克奈和鲁施(McNair and Rusch,1991)指出父母的支持对于学习障碍儿童的发展至关重要,这个支持过程要从儿童阶段一直持续到长大成人。鲍威尔和加拉赫(Powell and Gallagher,1993)强调父母要跟家庭的其他孩子一起谈论和解释他们对残障孩子的计划。亨迪和帕斯卡(Hendy and Pascall,2001)的一项研究也支持了鲍威尔和加拉赫的观点,他们发现对20—30岁年龄段的残障者而言,父母支持是其实现独立的重要资源,他们在实现独立生活的过程中需要帮助。接受孩子的残障,意识到孩子需要最终实现一定的生活独立,可以实现残障儿童的更大发展,也为其指明了一个独立的发展方向。实务工作者完整的助人知识和技巧应该包括对残障儿童需要的专业觉察。运用喘息照顾(respite care)有助于实现残障儿童独立发展。

对特殊需要儿童的支持

伯克和希诺(Burke and Cigno,1996)的早期研究,以及此后伯克(Burke,2004)的进一步研究都表明,残障儿童家庭在学习与残障儿童生活相处并理解其需要的适应性阶段中呈现平稳状态。这是因为虽然在与个人、家庭、朋友和专业人员的日常相处中,人们对残障儿童多有本能的保护,但这却常常因缺乏对残障的接受而导致防御性反应。虽然残障儿童的家长或者兄弟姐妹需要向他人解释其家庭的不同之处,但这无休止的"他人"却是令人厌烦的。因此家庭就可能对其遭遇产生抱怨。

莎拉（Sarah）的案例

持续照顾残障儿童的结果之一就是可能让家庭陷入孤立。下面是一个 11 岁的残障女孩莎拉的故事（Burke and Cigno，1996，p. 118），她与妈妈生活在一起。因为需要 24 小时照顾莎拉，她的妈妈只能在周末维持最小的家庭联络和社会联系。在一周当中，妈妈和莎拉也各有自己的事情，妈妈是一个兼职的老师助理，而莎拉则是一个特殊学校的小学生，但是从周五的下午 4 点 40 分开始，一直到周一早上的 8 点半，她们俩就完全陷在家里。本来妈妈可以推着坐在小车里的莎拉出门去周围的商店，但是因为小车又大又重，无法出门远行，所以她们实际上很少外出。因此问题该怎么解决？早期研究是否让事情有改变？我们有哪些选择？

评论

处理日常事务的意义是莎拉的妈妈目前可以领会的，而说到对未来的展望则显得遥远而不切实际。因此当我们开始判断何时作出改变是正确的时间点时，专业介入就必不可少，女儿的独立是一个至关重要的考量。在母亲和女儿伴随年龄增长都需要获得一些独立的情况下，这点就显得格外重要。这就需要有一个过渡性的通道，让家庭感受到孩子的成长，承担成年人的责任，但是这个过程对莎拉这样有高度依赖需要的残障儿童而言是非常困难的。虽然体验一些分开生活的经历对残障儿童和家长都有好处，但仍然有很多家长不认同将分离作为实现独立的一种方式。

朱莉（Julie）的案例

伯克（Burke，1998，p.105）最早提到过这个案例。这里再一次提及是因为以下对朱莉妈妈的访谈可以看到过渡性调整非常显著。

朱莉是一个 13 岁的女孩,与妈妈一起生活在一个遥远村庄中的公共房屋里。一年前爸爸妈妈离婚了,爸爸负责照顾 17 岁的儿子,妈妈负责照顾朱莉。朱莉患有学习障碍,但 13 岁的时候她可以自己穿衣服了。她无法读和写,也很少进行语言交流。朱莉在一所特殊教育学校上学,每周末回家,大约每六周就会在学校宿舍过一次周末。这样朱莉的妈妈就可以在工作日工作,周末女儿回家的时候照顾女儿。朱莉的妈妈感到如果没有同伴的协助,在周末独自照顾朱莉非常困难,也同意在将来把朱莉送入保护性机构当中。因为朱莉的身体状况,她的妈妈无法想象她可以实现完全独立。在她妈妈看来,朱莉是一个任何人都希望利用的头脑简单的人(easy prey)。朱莉的妈妈患有癌症,她不得不考虑改变照顾女儿的方式,但她打算将这种改变推迟到她们母女都可以应付现有的安排再开始。

评论

朱莉的案例凸显了几个照顾者角色的影响因素。照顾者往往会产生一种被各种求助资源孤立的感受,包括来自家庭的和朋友的,并产生对特殊需要儿童和家庭社会服务的依赖(教育机构提供的《特殊教育需要宣言》,*Statement of Special Educational Needs*,SSEN)。但是这个案例也是与众不同的。离婚、照顾残障的女儿、确诊患有癌症,这些使得朱莉的妈妈不得不面对这样的事实,那就是有一天她将无法照顾自己的孩子。特殊教育学校在转变过程中提供了有益的支持,提供了工作日的照料和周末的住宿服务。周末住宿服务的前提基础是认为 24 小时的课程设置可以最大化地挖掘朱莉和其他学生的学习潜能,同时给妈妈提供宝贵的休息时间。虽然在朱莉的案例中,一些照顾责任会落在他人身上,但离开家庭对这些孩子而言,与其他孩子一样意味着适应、成长和获得独立生活的权利。

学　　校

根据《1996 年教育法案》(*Education Act 1996*)和随后修订的《2001年特殊教育需要和残障法案》(*Special Educational Needs and Disability Act 2001*),地方政府有责任满足儿童的特殊需要,因而在实务守则(Code of Practice)(DFES,2001,para.1.3)基础上专门出台了《特殊教育需要宣言》。这一宣言要求儿童可以进入特殊学校或者主流学校,但主流学校需要根据宣言提供必要的专门设施。现今,如果学校不将残障儿童和非残障儿童一视同仁,就是违法的。

沃恩和舒姆(Vaughn and Schumm,1995,p.265)指出除非学生的社会需要无法获得满足,否则所有的学生都可以在普通(主流)教室接受教育,同时强调患有学习障碍的儿童无法充分参与到主流课堂当中。托马斯和皮尔森(Thomas and Pierson,1995)的研究表明,主流学校可以满足 90% 的儿童特殊教育需要。奥利弗和巴恩斯(Oliver and Barnes,1998,p.42)提出对儿童特殊教育需要的不当区分造成了脱离主流学校学生的人数增加。然而这种状况正在发生改变,根据 BBC 教育新闻的报道:

> 政府已经在提倡各种好的创意,以便让特殊教育需要儿童可以在主流学校中接受教育。这样做的目的是让有特殊需要的小学生更好地融入主流教育,而不是单独在特殊教育学校中接受教育。
>
> (BBC 新闻,教育,2007a)

这一做法背后的理念是特殊需要儿童应该有充足的机会融入主流教育当中。在这一政策影响下,英国的特殊教育学校从 1983 年的 1 562家减少到 2003 年的 1 160家。十年间,在主流学校中接受教育的重度特殊需要儿童的数量增加了 49%（BBC 新闻，教育，2007b）。

　　然而，托马斯和皮尔森（Thomas and Pierson，1995）指出这一做法并不是在任何情况下都适用的。事实上，米德尔顿（Middleton，1995）提出需要探讨的是，特殊需要儿童在什么样的学校中接受教育是有益的。她认为：“特殊教育对有特殊教育需要的小学生的贡献小于其对整个教育体系的贡献。”（p.45）换言之，如果教育系统不能在体系内满足大部分人群的需要，那么有特殊需要的儿童就无法从中受益。

研究发现

　　伯克和费尔（Burke and Fell，2007）共同开展的第三项研究表明，就学体验存在很大差异。单亲家长对主流学校的满意度较低，他们在学校会明显感受到来自其他家长因对待残障的态度而产生的歧视，具体表现在言语上，用孩子的问题及不良表现攻击单亲家长。

　　虽然有一些负面体验，但大部分家长发现将残障儿童送到学校（主流学校或者特殊学校）对于家庭而言都是一种喘息服务。教师总体上是家庭的一种支持性资源，占第二项研究中的家庭数的 16%（11个），占第三项研究中的家庭数的 25%（25 个）。教师可以便捷而有效地为家庭提供建议，正如一个家长谈到的：“教师陪着孩子度过一天中的大段时间，他们有完整的了解”。另一个家长则谈到了她的儿子在学校受到的特别关注：“在学校他有自己的随行人员，包括两个学校助理和一个护工。不只这些工作人员会提供帮助，当他开始做事的时候其他孩子也会跟在他周围，他确实是特殊的”（Burke and Montgomery，2003，p.19）。

　　并不是所有家长都意识到他们的孩子在学校有不同的体验，有个家长解释说：“当孩子拿着奖状回家的时候你同样会感到骄傲，你同样会关心孩子在学校是否吃饭,当孩子在学校交到新朋友也同样高兴。"看上去大部分的学校体验是积极的,学校是家庭宝贵的支持性资源,在就学期间提供儿童照顾。

另一个类型的残障儿童家庭的支持性需要是短期照顾或者喘息服务中的保姆服务。

儿童保姆服务(**Child-sitter service**)

这是由经过训练、了解残障知识的保姆提供的专门服务,他们不会被儿童的各种残障所困扰。鲍尔温和卡莱尔(Baldwin and Carlisle,1994)的研究以及伯克和希诺(Burke and Cigno,1996)的研究都指出,儿童保姆服务受到家庭的欢迎,因为孩子不用离开家庭。根据《1989 年儿童法案》(*Childern Act 1989*)第十七条的规定,儿童保姆服务由志愿组织或者法定机构来提供。儿童成年之前都可以接受保姆服务,这一服务不同于普通保姆的,而是给家庭提供的专业服务,包括了临时照顾有特殊需要的青少年。照顾任务包括了给儿童或青少年穿衣、吃饭、如厕以及其他协助,这些内容是所有残障儿童家庭都需要的。残障儿童的兄弟姐妹(见第三个研究)常常在家里扮演替代性儿童保姆的角色(20%,12个),完成照顾任务(30%,18 个),从而减轻一些家长的照顾压力。

喘息服务(**Respite care**)

喘息服务是指将儿童从家中接走,提供短期照顾,以便其他家庭成员可以获得短暂休息。因为长时间照顾残障儿童会使得家庭成员在情绪和身体上产生倦怠。事实上,皮特克斯里(Pitkeathley,1995,p.2)指出照顾者已经"被推到了忍耐的极限"。一份来自约瑟夫·朗特里基金会(Joseph Rowntree Foundation,1999)的报告显示,父母因为可以在照顾责任中有喘息休息的机会而感到开心,这并不奇怪。短期休息的积极体验在贝雷斯福德等人(Beresford *et al.*,1996)的早期研究中就有涉及。但是米德尔顿(Middleton,1999)则指出对残障儿童照顾提供喘息服务而不涉及非残障儿童,会造成对残障儿童的歧视,家长往往是通过强调孩子的残障而获取服务的。然而这里更多谈到的是对喘息服务的需要,家长们需要短暂休息以缓解长期照顾的绝望。事实上,我的研究显示家长接受喘息服务是不得已的(见第四章)。

也有证据显示,喘息服务并不能够对照顾关系起到支持作用(McNally,Ben-Shlomo and Newman,1999),反而导致了额外的压力(Hartrey and Wells,2003)。康纳斯和斯托克(Connors and Stalker,2003,p.79)的研究显示,所有25个样本家庭中有一半接受过喘息服务,但是"家长和孩子都对喘息服务不满意"。

喘息照顾的形式有居家照顾、托养照顾和日间照顾,可以由有住宿服务的学校提供,与健康相关的则由社会服务机构提供。申请社会服务机构提供的喘息服务需要依据法定程序,确保儿童被纳入了照顾系统(Looked After System),只有符合这一资格,这样社会服务机构才会提供居家或机构照顾。接受喘息服务并不受卫生部门或学校许可的影响,只要有家长的授权就够了。

喘息服务的类型非常多样化,可以简单地认为它是令人不满意的吗?实际上,案例中服务的持续表明了存在服务需要,也就说明喘息服务需要进一步明晰的是服务协调和组织,而不是其必要性。

格里菲斯(Griffiths,2002)和我们自己的研究(Burke and Cigno,2000)都反驳了上述对喘息服务的否定观点。家长毫无疑问是需要喘息服务的,马修(Matthew)的妈妈就谈道:"当马修离开家的时候,我深深感受到我有多么爱他,我可以休息一下,当他回来的时候我会张开双臂拥抱他"(Burke and Cigno,2000,p.141)。在我更早期的调查中(Burke and Cigno,1996,p.62)5个接受过喘息服务的家庭都认为这一服务为他们提供了强有力的支持。对喘息服务的需要还涉及对残障儿童不确定的未来的关注。一个家长就清楚地表达了相关看法:"我很担心儿子的未来,我会守候着他。我希望他可以获得一些独立,不仅是为了他,也是为了我。谁知道呢?"

在我的研究中喘息服务是有作用的,残障儿童家庭确实是需要的,当喘息服务可以被很好地组织起来的时候,家庭就会受益。尽管对喘息服务的效果存在一定的质疑,但服务仍在继续,与其建议将喘息服务这一宝贵资源取消掉,不如在喘息服务的质量、持续性和稳定性方面作更多的努力。

临终关怀(**Hospice care**)

残障有可能会缩短儿童的寿命。让家庭短暂休息构成了临终关怀中的一部分内容(Burke,1991)。根据家庭的需要和愿望,临终关怀可以面向全体家庭成员,也可以单独提供给残障儿童。临终关怀工作人员的工作技能要可以帮助家庭解决各种困难,帮助家庭成员从每日的照顾责任中短暂解脱出来。将残障和患病的儿童安置在临终关怀医院,可以避免家长感到分离的内疚,帮助他们接受他人承担照顾责任。对短暂休息的规划可以增强家长在其他时间和形式的喘息服务中的照顾能力。

需要满足

每个孩子和家庭都需要个别化的一系列服务。莫里斯(Morris,1998,p.10)提出了一个残障青少年的权利框架,其中包括了"对间隔休息场所的检讨权利"。与此类似,哈得逊、德尔瑞和格伦德宁(Hudson,Dearey and Glendinning,2005)也提出过一套根据个人情况提供量体裁衣式的服务的整合方法。随后在《每个儿童都重要》绿皮书(the Green paper *Every Child Matters*,2003)中更强调儿童优先原则,应该有各种服务共同满足儿童需要。

富兰克林和斯洛珀(Franklin and Sloper,2007)的研究指出残障儿童和青少年应该参与关于他们的决定。这就意味着他们要用各种可以被听到的方式发出自己的声音,特别是当有些残障青少年不能用言语沟通的情况。此时就需要对专业人员进行训练,并意识到会谈有时需要提高音量以便对特定个体给予特别协助。虽然家访时,家庭可能已经清楚地识别和表达了需要,但专业的社会服务人员应该直接跟残障儿童沟通,以确保提供的服务涵盖了他/她所表达的需要。服务的内容可能包含了会议安排,从长远来看,喘息服务应该是残障儿童未来实现独立的铺垫,否则就要排除其可能性,并识别其他需要。

约翰(John)、艾米(Amy)和阿伦(Allan)的案例

伯克和希诺(Burke and Cigno,2000,p.80)的研究报告中提到,9 岁的约翰、6 岁的艾米和 13 岁的阿伦住在一起,阿伦患有自闭症,有学习障碍,还受到轻度癫痫的困扰,与家人外出时会行为不稳定。当阿伦制造出很大声音、行为不耐烦时,公众会有不满的消极反应,这使得阿伦全家都不舒服。阿伦的医疗和教育需要让全家人都很焦虑,有待家访时进一步调查确认。阿伦平日在学校住校,周末回家,全家人都认为这对大家都好,使得家庭有很多时间安排包括约翰和艾米在内的家庭活动。

评论

孩子的母亲谈到了儿子的残障对女儿社会生活的影响:"人们不愿意邀请她参加聚会,害怕她的哥哥发作。这意味着她很少被邀请外出。"这是一种污名化体验,儿童因此被排斥在社会生活之外,但也跟人们对艾米会带着她的哥哥一起参加聚会的明显恐慌有关,如果艾米没有一个残障的哥哥,邀请她参加聚会就不存在问题了。

约翰和艾米很享受跟他们的哥哥一起玩的时光,也接受他不同的行为方式。就像伯克和希诺(Burke and Cigno,2000)此前指出的那样:"兄弟姐妹关系最明显的表现就在于对其兄弟姐妹的自然接纳"(p.81)。约

翰和艾米的接纳表现为非常积极的行为反馈（Burke，2004，p.33）。

此外，事实上阿伦是家里的长兄，弟弟妹妹从小就接受了哥哥的样子，并没质疑哥哥不同的需要和行为。学校的日程安排让家庭得以规律地休息，有时候开展其他家庭成员的活动也非常重要。然而有一个值得探讨的问题是关于阿伦离开家庭生活的愿望的（如果他可以有这个选择的话），如果缩短常规的休息家庭是否有充分的准备。

在所有的可能性当中，家庭的功能取决于阿伦在学校的时间长短，否则会将现在的游戏时间变成更有攻击性的活动，从而增加家庭的压力。虽然这并不必然导致家庭生活受到影响，但是如果我们倡导融洽的家庭生活，那么就要避免（对阿伦的）社会排斥。家庭对公众反对的认知和反应、对聚会邀请的回避都表明了阿伦的残障在本质上是污名化的，对他的接纳是不完全的，只有家庭是接纳的，其他场所并不都是如此。大概对很多人而言，回避比面对压力情境更容易，因为担心压力情境可能产生的后果。

控制的核心（*Locus of control*）。在这个家庭中外部事件是重要的控制核心——无论是其他孩子担心邀请阿伦参加聚会的行为反应，还是教育机构提供的常规短暂休息服务。因为容易受到他人影响，这个家庭已经变成了被动的接受者。家庭在作关于未来的决定时很少考虑这一状况，似乎完全听从于外部影响。

兄弟姐妹的照顾责任

西格尔和西尔弗斯坦（Siegal and Silverstein，1994）提出当儿童承担照顾角色时，他或她会采用应对策略。虽然除了是照顾者，他们也是儿子或女儿，但这些孩子会跟父母结成同盟。梅休和芒恩（Mayhew and Munn，1995）组织了一个特殊需要儿童的兄弟姐妹的团体，根据他们的研究发现,照顾角色使得这些充当照顾者的兄弟姐妹赢得了一定的家庭地位。

承担兄弟姐妹照顾责任的学龄阶段青少年自己也会出现一些行为问题,需要提升老师的意识,并给予相应的训练。詹金森(Jenkinson,1998)发现,学校往往存在对承担兄弟姐妹照顾责任的青少年有不同于同龄人的刻板印象,而老师也缺乏相关内容的培训,这是不好的。承担兄弟姐妹照顾责任的青少年在学校面临种种困难,他们很难带朋友回家,会不自信(Dyson,1996)。与残障兄弟姐妹的关联本身就可能带来污名化(Frude,1991),使得他们很难与学校里的其他孩子建立紧密联系。这种状况部分反映了很多儿童没有近距离接触过残障者,也不知道该如何面对这一事实。当然,孩子的态度也代表了家长对残障者的态度。

掌握应对策略是必要的,获得家庭地位可以提升自信水平。然而,也不能低估作为照顾者角色的不利影响,这些孩子们很难回避照顾角色对他们当下和/或未来生活中所产生的负面影响。

承担照顾角色的动机并不是简单易懂的,家庭里的兄弟姐妹可能并未充分意识到他们自身的动机。塞利格曼(Seligman,1991)认为这是因为孩子会因自己没有残障而产生一种内疚感。这是丧亲幸存内疚感(survivor guilt following bereavement)这一概念的一种体现。残障儿童的兄弟姐妹也会体验一种丧失的感受,因为他们必须面对因为兄弟姐妹的残障而带来的缺失感。塞利格曼(Seligman,1991)还指出内疚感是过度照顾行为的一个强烈动机因素。

结　　论

显而易见,与残障儿童一起生活意味着挑战,以及家庭处于持续的转变过程中。每个家庭的需要各不相同,因此必须辨识清楚他们所需要的服务的本质。提供儿童保姆服务、入学服务和短期照顾服务的最大益处在于让照顾者有属于自己的时间,同时也让残障儿童获得新的积极体验。这一体验可以让残障儿童改变未来生活依靠父母的认知、逐步接受他人提供服务的状况,甚至可以在恰当的支持性照顾体系到位的情况下,让残障儿童实现独立生活。

实务要点

我们所说的独立、相互依赖和依赖指什么?

独立是指独立照顾自己的能力;相互依赖是指照顾别人的同时也需要从他人那里获得帮助,这里的他人也可能在家庭内部;依赖是指需要有专人照顾,比如婴幼儿。如果一个人是依赖他人的,并不意味着他/她是无法选择的,有时作选择的能力提升就是获取独立性的一部分。但是,大多数人,无论是否残障,在作选择时要考虑他人如何操作,这是互相依赖的。

什么样的支持是可及的?

支持通常是指专业支持,由专业工作人员对家庭提供服务,给予建议或者倾听需要。所有的支持都是为了增强被服务者的个人能力。

儿童保姆服务是支持性服务的一种,是由专业照顾者到残障儿童家中,短时间照顾残障儿童,以便父母可以短时间摆脱其照顾责任,处理其他事情。这是与普通婴幼儿保姆不同的,照顾者需要经过专业训练,持有护理或儿童照料资格,并在儿童照料前审核其是否适合[包括犯罪记录局(Criminal Record Bureau)的核查]。

另一项支持性服务是**喘息服务**或**短期照顾**,它与儿童保姆服务的内容类似,只是残障儿童是在院舍、照顾中心等场所接受服务,服务往往是过夜的。接受这一服务需要一个适应过程,儿童和照顾者都需要经历一个服务逐步提供的阶段性过程，残障儿童往往需要熟悉新的场所和体验。

在专业人员了解残障儿童家庭时有什么需要特别注意之处吗？

　　了解家庭需要时倾听和理解至关重要。这些家庭可能很难接受他们的孩子无法达到他们的期待，专业人员要理解和关爱这些家庭。每个家庭的问题各有不同："他/她可以动吗？可以走吗？可以说话吗？"或者"他/她选择哪所大学？哪个职业？哪个专业？"

　　有些家庭可能永远无法达到完全适应，对他们而言变化不定是持续的。行为紊乱或者严重残障的儿童需要24小时照顾，他们的家庭也就不停地工作。他们会羡慕工作人员可以在下午5点下班，而他们的工作时间却永不停止。他们在离开房间前必须作认真检查，必须安排好他们的孩子，也就意味着几乎不可能将照顾者的生活和孩子的生活分开。尽管这样的照顾是受到高度赞扬的，如果专业人员注意到无休止的辛勤工作，那他们就会看到父母为孩子提供的不求回报的、持续的照顾。

第六章 残障儿童的兄弟姐妹

本章研究的是儿童期残障对家庭中兄弟姐妹的影响,并检视对有残障兄弟姐妹的家庭和社会接受情况。在《有需要儿童及其家庭的评估框架》(*The Framework for the Assessment of Children in Need and their Families*)中,人们引入了对残障儿童兄弟姐妹需要的考量(DoH,2000a),它提到"残障儿童及其兄弟姐妹间关系的重要性"。事实上,《通用评估框架》已经取代了这一文件,它聚焦各类残障和有复杂需要儿童上,看起来是对残障儿童境况给予更多支持。然而,这个文件超过9 000字,只有两处提到兄弟姐妹:一处在目前的家庭中(p.16),另一处是保持家庭关系的联系(p.31)。

因此,正确认识到有残障兄弟或姐妹的儿童是有需要的,这一点很重要,尤其是认识到对残障兄弟姐妹提供照顾的部分,这部分已经在研究中得到了充分证实(Aldridge and Becker, 1994; Beresford, 1994; Bone and Meltzer, 1989; Stalker and Connors, 2004)。因此,让人惊奇的是,随后的政策文件中在服务评估上,竟能如此少地关注兄弟姐妹问题。这一章是在我自己的研究中增加了比较的内容(见方法细节的附录一),用来说明兄弟姐妹们在帮助父母照顾残障孩子上始终发挥重要作用,因此,兄弟姐妹的需要确实需要给予更多重视,并在专业服务的评估阶段能意识到。我们对这一领域的研究回顾,有助于定位我自己关注的工作,也应该能帮助读者认识到兄弟姐妹们在家庭里的处境。

对兄弟姐妹需要的研究

斯托克和康纳斯(Stalker and Connors, 2004)的研究显示,由于,和残障共同成长且对待他们的兄弟姐妹和大多数"正常家庭"一样,所以,兄弟姐妹们总是能够接受残障是他们"正常"的一部分。帕克和奥尔森(Parker and Olsen, 1995)研究了是否所有家庭都"正常"这个问题,他们认识到了家庭生活的多样性,照顾父母或兄弟姐妹,有时成为青少年生活的一个特征。但是,针对我们的目的,我们要识别出在和一个残障儿童生活和照顾他/她的过程中,家庭和青少年的观点。

内勒和普雷斯科特(Naylor and Prescott, 2004)的研究显示:兄弟姐妹在承认家庭里的残障(现象)方面在感情上有些勉强,他们提出这存在着鼓励自我表达的需要。内勒和普雷斯科特的研究发现,可能在斯托克和康纳斯的结论作比较时,显示出一定程度的模棱两可性。这一现象可能的原因是,如果访问中兄弟姐妹不愿表达他们的感受,那么,人们就假设他是"正常"的观点。对这些差异理由的理解需要探索。

《残障儿童的兄弟姐妹》(*Brothers and Sisters of Disabled Children*)(Burke, 2004)那本书中显示:相当数量的非残障兄弟姐妹,认为他们自己也是残障的。这仅是因为作为一名家庭成员,他们和残障儿童在一起生活。一个随后跟进的研究,试图再次肯定兄弟姐妹们有一种强烈的残障关联感(Burke and Fell, 2007)。这一看待残障观念的性质引发了"连带残障"概念,这是一种家庭拥有残障孩子的损伤的一种表现形式。它着眼于对家庭的各种积极和消极影响。

内勒和普雷斯科特的发现或许提示出,当兄弟姐妹们采取的是一种最小抗拒形式,这也被人们视为一种不情愿了,这就是访谈的后果(没有表达情感)。斯托克和康纳斯的研究则可以视为,过于强调兄弟姐妹身份认同及他们对正常的观点了。这一章把我们的发现和之前的两个研究（研究二和研究三见附录一；图 A.1）进行了比较，用来考虑是否连带残障表达了家庭和兄弟姐妹们自己的境况。有迹象表明，在他们的家庭里及和同侪在一起时，这些兄弟姐妹并没有一种正常的感觉。尽管，他们确实显出接受他们的处境，并可能希望将他们对差异的看法最小化用来获得社会接纳和家庭认同。在一个案例研究中（Burke，2004，pp.93-95），事实上，彼得歧视他的残障弟弟伊恩是看得出来的，通过回避社会关系，成为残障关联的消极特征。结果显示，尽管在和非残障家庭场景社会互动中一些消极观念会得到强化，但是和残障儿童生活制造了一种与残障在一起的认同，这也需要全体家庭成员的适应。

除了之前的研究，污名化事件的后果，一如第二章所探索的，是通过与残障的关联建立起来的，这里对它进行了检视，并把它作为社会互动交换的一种后果（Goffman，1963）。和残障儿童一起生活的、那些非亲密家庭成员所表达的顾虑是构成社会生活日常互动和交往特征的一个要素。

通过说明残障的身份并非完全为残障者自己所有，连带残障拓展了残障社会模式（Shakespeare and Watson，2002）。因为我们都会有一些社会性损伤，残障可能也在其他家庭成员他们自己的社会体验中被再度建构起来。这一观点承认，残障有将某个残障者从社会交往中排除出去的可能（一如在污名中被玷污的身份）；结果，如精神疾病领域，残障者的家庭和兄弟姐妹体验到的影响和残障者很类似。

兄弟姐妹调查中的比较

本书所报告的四个研究，其中有两个是检视兄弟姐妹需要的（附录一中的第二个和第三个）。为了简便起见，在本章中他们被称作第一个兄弟姐妹研究和第二个兄弟姐妹研究。

两个研究都对父母提供的问卷数据及随后父母和兄弟姐妹的访谈有思考。尽管,兄弟姐妹的观点有记录,并说明他们的评论并不总和父母的观点相呼应,但是,人们总有一种让父母为兄弟姐妹代言的倾向。在伯克和希诺早期的研究中(Burke and Cigno,2001),他们意识到在涉及他们时,有应把儿童和青少年纳入决定过程的需要,富兰克林和斯洛珀也重申了这一观点(Franklin and Sloper,2007),并且成为和《通用评估框架》密切相关的一个特色(DfES,2006a)。

在第一个兄弟姐妹研究中,超过80%的父母(46个回应者)指出兄弟姐妹在照顾其残障的兄弟姐妹中分担责任,而在第二个兄弟姐妹研究中该比例是75%(45个回应者)。这一结果惊人地相似。不过,两者有微小不同,第一个研究中大约70%的家庭(40个回应者)谈到有一个残障的兄弟或姐妹给家庭带来积极好处,而第二个研究中比例是90%(53个回应者)。这一差异反映出,第二个研究中显示出的益处观点更高。尽管,兄弟姐妹确实在照顾残障兄弟姐妹上是有帮助的观点得到了肯定,但是,作为自我选择的第二个研究,可能存有偏见。

和一个残障兄弟姐妹生活

根据一些家长的说法,和残障儿童一起生活的体验,肯定是有好处的。他们所表达的观点如下:

我的孩子有很多孩子没有的特质。他们有残障意识,从来不评判其他孩子的行为,而且显得成熟、有同情心、容忍和大面上能照顾人。他们对残障人士还有一种天然的保护机制,特别是对他们自己的兄弟姐妹。

我儿子理解每个人都是不同的。他对人可以使用自己的判断。他认识到生活不是玫瑰花床,你要为你想得到的东西去努力。

这教育他们，你应该如对待健全身体的人一样去对待残障者，而且你无需为此害怕。

在这里，不仅兄弟姐妹的观念看起来是积极的，家庭关系看起来也是积极的。某个家长表达了这样的观点：

照顾残障儿童让我们变得更加亲密，教育我们对他人更具同情心，教育我们要耐心。作为一个家庭给予我们更多的爱。

父母对和残障同胞共同生活的兄弟姐妹，所表达出的相对少些积极性态度的观点是视环境而定的，包括如下情况：

我感觉我们没有允许他们有童年。朱丽叶的残障问题让事情变得如此困难，我们在能做什么的问题上完全被限制住了。

它给家庭生活带来巨大压力，在能做什么的问题上孩子们被局限了。这些事情让我时刻感到内疚。

我们另外的两个孩子在如何最好地处理及帮助他们应对有一个残障姐姐的问题上，没有得到任何帮助，这导致我们有很多焦虑。

一如他们父母报告的那样，某些情况下，兄弟姐妹的消极体验超过了积极体验。但是，某些悔恨里带着一丝非常积极的看法。正如一个母亲表达的她女儿的想法：

她遗憾他有残障，但并不遗憾她有这样一个残障的兄弟。她说，"他是我弟弟，我不后悔他成为我的弟弟"。

调研结果显示，在第一个研究中接近68%（38个）的父母报告，在某种意义上，兄弟姐妹们表达了有一个残障兄弟姐妹的遗憾。第二个研究中是一个接近的发现，也有68%（37个）的家庭表达了这一观点——这两个研究有一致的结果。在第一个研究中，有10个家庭（大约18%），这显然是少数，对儿童期残障体验表达了完全消极的观点，在第二个研究中这一数字是5个家庭（8%）。

总体上，第二个兄弟姐妹研究中的家庭比第一个研究的参与者有更为积极的残障观。这可能的原因是，第二个研究中有一个更大的数据库和较低的应答率,其反映出的更为积极的偏见,是因为回应者很多都是自我选择参与的,而在第一个有很高回应率的研究中,更多都是当地人的参与。但是,人们有趣地发现,在两次调查中,兄弟姐妹们分担照顾责任和高比例的表达遗憾是相似的。这提示我们在家庭谈到兄弟姐妹反应时,消极残障影响反应比积极得多。

关于和残障儿童共同生活的父母与兄弟姐妹的观点

不少父母都表达了残障兄弟姐妹的同胞们有某些受限制的或局限性的体验,这影响了他们的生活质量。下面就是一些例子:

我的女儿发现她残障的弟弟很气人、难以讲话和让人害臊。这是在她6岁时开始的。她总是很巧妙地刺激他,有时希望他能离开这个家。

我感到他们没有得到一个无忧无虑的童年。这给家庭生活带来巨大压力,孩子们在能做什么的问题上受到了局限。这些事情让我时刻感到内疚。

因为不能带他弟弟去踢球或参加普通孩子们的活动,我的大儿子有损失。

兄弟姐妹们也用这种方式表达了和残障同胞共同生活的体验:

我很担心约翰的情况和他的未来,也在思考我将来生同样"疾病"孩子的可能性。(18岁的兄弟姐妹)

我们不能在外面过夜,也不能在床上看电视,因为我们的房子需要安静。由于疾病,我们也错失了一些家庭活动和假期。一些朋友不来我家做客,因为他们无法理解。(16岁的兄弟姐妹)

另外一个兄弟姐妹,即在第一个研究中的保罗,表达了这样的观点:

如果没有她,生活可能会容易些,但是,如果我有一个魔法杖我也不会把她变得不同,否则的话她就不是维多利亚了。我要保持她的样子,否则她可能最后变成珍妮那样(当提到他大姐姐时,他笑嘻嘻的)。(Burke,2004,p.88)

另一个兄弟姐妹表达得更简单:

他是我的兄弟,我不介意有他做我兄弟。(12岁女孩)

这些观点反映了家庭生活中的积极和消极看法。通常都是,在接纳的同时带着一丝遗憾,一如一个姐姐说起她的弟弟:

有时我遇到一些朋友,其中一些男孩是我弟弟的年纪,我就在想,如果约翰没有残障,他可能和他们一样,但是,我可能永远也不会知道这些了。(14岁女孩)

另外一个青少年说:

我希望我们一起玩足球,(但)他不能用他的腿。(15岁男孩)

两个兄弟姐妹研究中家庭所表达的社会不利性质,主要导致了局限性社会活动。在第一个研究中,74%(31个家庭)报告,他们发现一起做事很困难(Burke and Montgomery,2003,p.12),这不同于第二个研究中的56%(28个家庭)(Burke and Fell,2007)。情况其实很简单,照顾残障儿童影响了家庭组织起来一起做其他事情的能力,如一起去看电影、购物甚至是出门玩一天。不可避免的是,兄弟姐妹们损失了一些机会,因为,父母的可用时间量很有限。

兄弟姐妹分担照顾责任

不论人们认为兄弟姐妹在分担照顾责任上是否有帮助,残障孩子的影响都是巨大的。这一点上家长秉承积极态度是很明显的。在两个研究中,大多数家长都表示有一个残障孩子,给家庭带来积极的好处。有少数家长表示有这么一个残障孩子没什么好处,而且,他们的兄弟姐妹也不能在照顾上有所帮助。父母对残障孩子的态度也反映在他们对非残障孩子的身上,即,有残障孩子的消极态度和对兄弟姐妹帮忙能力的消极态度相关。

不论消极态度是否会发生转化,在某些点上,超过三分之二的同胞们会对有残障的兄弟姐妹表示遗憾。看起来是,积极的态度促进积极的感受。这可能也正是人们所期待的,或者相反。这对于专业人士而言,可能是个点子,特别是当和那些只看到困难而没有看到有残障孩子的好处的家庭一起工作时。

减轻父母的压力

帮助他们残障同胞的那些兄弟姐妹的情况反映在下面案例中,它们是在研究的访谈阶段得到的。9 岁的马修在早上会比妈妈早起几分钟,给他残障妹妹她自己的奶瓶,这样就能让他妈妈多睡几分钟。另外一个兄弟姐妹,14 岁的艾伦会在妹妹开始大叫发作时,把他妹妹带离商店,这样他妈妈就能接着购物了。通常,13 岁的凯蒂会陪她残障的小弟在楼上阅读他的睡前故事。她说:"我喜欢给我父母一个休息的机会。我是那个照顾他然后让爸爸妈妈卸下压力的人。"另外一个 14 岁的女孩评论:"如果妈妈爸爸需要一起外出时,我就做照顾儿童的工作。尽管,约翰比我大 2 岁,但是,他需要有人照看他。"

很显然,兄弟姐妹们愿意帮助父母,这样他们就帮父母卸下了压力担子。在需要这么做时,兄弟姐妹们在维护关系和重建家庭安宁上发挥了他们的作用。托泽(Tozer,1996)指出:"兄弟姐妹们看起来在发挥两方面作用:一是自己是照顾者,二是还支持作为主要照顾者的父母。"(pp.177-178)

对兄弟姐妹成熟度的影响

带有积极态度的父母们的一个普遍观点是,由于这一过程中很多通常的童年期活动机会被取代,他们非残障的孩子被迫早熟。在第一个兄弟姐妹研究中,三分之二的家长(40人中的27个人)表达的观点是,认为他们的非残障孩子更能照顾人和对残障有意识。看起来是,兄弟姐妹们意识到他们的处境和其他孩子不同;他们认为他们被期待着要帮助父母。

迈尔斯(Myers,1978)描述了残障同胞的兄弟姐妹们被给予的其他额外责任以及人们如何期待他们能更快地成熟起来。鲍威尔和奥格尔(Powell and Ogle,1995)提出,父母们需要和他们的孩子谈论残障孩子的未来计划,以便兄弟姐妹们感到他们是被包容的并理解父母的意图,而不是生活在非确定性中,无法充分意识到对残障兄弟姐妹的责任或是面对自己承担这一责任的情绪感受。实际上,这里的观点是,兄弟姐妹们承担的责任"超越了惯常情况下对兄弟姐妹关系所作的预期"(p.83)。

遗憾的是,一个消极的父母看法是:否认兄弟姐妹有能力提供帮助。这看上去也否认了,当兄弟姐妹接受照顾责任时这一更为寻常的童年体验,否则的话,就要有受专门训练的看护员,并得到父母的支持。这看似对兄弟姐妹而言,是更为困难的,因为当他们接受这些责任时却不被一些家长认可。

服务传递

在第一个兄弟姐妹调查中,有一个领域是令人不安的,即,关注家庭和服务提供者的联系上(对那些参加支持团体的兄弟姐妹们)。41个家庭中的9个家庭(22%)指出他们很少或不经常联系(少于三个月一次)专业工作人员(Burke,2004,p.61)。这和第二个研究中56个中有9个(16%)有反差。情况似乎是,尽管大多数家庭都和专业工作人员(在医疗保健、社会照顾和教育领域)保持联系,确实有那么很显眼的一小部分家庭没有和他们的关键服务人员保持日常交往。这造成当这些家庭独立处理问题时,产生得不到服务的可能性,同样重要的是,兄弟姐妹们的需要也可能进一步在任何识别家庭需要的名单上被掩盖了。

从两次调查中清晰可见,相当高比例的有残障儿童的家庭及其兄弟姐妹没有得到经常性的专业支持。服务供给的缺乏说明了结构性的污名。辨识兄弟姐妹的需要时,把他们的需要可能视为残障儿童的需要前身时,也注定要失败的。一些兄弟姐妹看起来是被很多工作人员排斥在专业考虑外了。

案例研究

下面两个案例中的一个取自我之前的研究(Burke and Cigno,2000)。第一个案例再次检验和考虑了相关联的症状是如何提供了一个更为详细的、对之前所描述的社会互动的理解。第二个案例是在第二个兄弟姐妹调查中完成了对家庭访谈后得到的(Burke and Fell,2007),但之前没有被发表过。这些案例补充了伯克之前检视的那些内容(2004,p.33),它们和连带残障的概念有明显的一致性。

凯尔西和大卫的案例

凯尔西 13 岁,有一个 10 岁的弟弟大卫,他出生时是脑瘫。大卫还有智力损伤,语言很少且行走困难。直到最近,凯尔西和大卫在一起时都玩得很愉快,凯尔西也乐于帮助她弟弟。但是,当凯尔西开始带她的学校朋友回家时,她发现他们对待大卫很不同,而且,他们看起来很害怕他。凯尔西的一个女朋友拒绝进到小水池里玩,因为大卫在她之前在里面。这个家庭没有意识到这类事情的影响,直到在这个研究中做访谈时,他们被问道,"其他孩子害怕大卫吗?"这个家庭由于他们自己接纳了他们的儿子,没有预见到其他可能性。

评论

尽管,家庭活动中大卫被包容于其中,但是,当凯尔西有她的朋友在旁边时,因为他的残障肯定是体验到了某种形式的污名化。凯尔西不得不试图去理解为什么她的朋友不愿意进入大卫之前玩过的小池子。也许那些孩子认为大卫用什么法子把池子弄脏了,但是,不论什么原因,焦虑的因素是存在的。凯尔西的妈妈不知道如何帮助凯尔西,只是向她保证她并没有照顾大卫的"责任压力";也就是说,这不是你的过错。但是,这并没有解决凯尔西意识到的人们对待她弟弟有差异的事实,而且,这样做时她自己处境的差异因素也被注意到了。把她弟弟排斥在可能涉及她朋友的活动中成了唯一能做的事。凯尔西的经历促使她拒绝了她的兄弟姐妹关系(不是她的负担),而且,这样的话就避免了作为有明显"得不到接纳"弟弟的姐姐的这种"连带残障"。这是一种社会类型的污名,这种关联的体验也破坏了凯尔西的身份认同。

控制的核心。在这个案例中,凯尔西和大卫看起来有着开心的关系,但是,父母对凯尔西朋友的反应导致大卫在一些特定情况时遭到了排斥。因为,他们为凯尔西的朋友作出了调整,所以,社会接纳的缺乏在这个家庭里扮演了外部控制力。他们不允许大卫在水池里游戏了,这样凯尔西就不用面对来自她朋友的可能的拒绝了。

依恩(Ian)和汤姆(Tom)的案例

第二个兄弟姐妹研究中,在完成问卷后这个家庭(依恩 12 岁,汤姆 15 岁)接受了访谈。依恩上的是主流学校。他的哥哥有学习困难,很少说话并有协调问题。在汤姆两岁时,这个家庭意识到汤姆有些不一样的情况,因为他在走路和说话上没有达到通常的里程碑,并且伴随着游戏活动中总是缺乏反应,这让家长意识到他没有如预期地成长。随后出生的依恩,没有明显的发育障碍,很快就成为家庭赞赏的焦点。依恩聪明活泼,而且看得出来在谈话中他在思考每一件事,但汤姆没有。

评论

这个家庭和那些看起来家长们普遍要对残障孩子花更多时间的趋势正相反。他们把更多的关注和表扬给了非残障的年轻孩子,作为一个样样都行的全能手,父母认为他是积极正向的。依恩喜欢体育,爱玩足球;他的哥哥不行,甚至连踢下球都有问题。与汤姆不能读和写形成对照,依恩在学校里学习很好。但是,依恩在得不到他想要的东西时会生气,而汤姆总是很安静且性格内向,照他父母的话是"生活在他自己的世界里"。

依恩说他的哥哥可能是个"害羞的人,因为人们认为他是个笨蛋"。尽管,依恩说,当哥哥从特殊学校回家后,他确实有时不得不照顾他(有学校的交通车),但总的说,他们看起来很少一起做事。这个案例是一个兄弟姐妹对他哥哥有消极认识的案例,他是在容忍而非接纳他的哥哥。依恩决定让他自己的生活独立于他的哥哥,也说明他发现汤姆是有社会性污名的,而这无意中得到了他的家庭对他明显喜悦承认的强化,他是成功者,而汤姆不是。

显而易见的是,为了把他们的注意力放在依恩那里,事实上,这个家庭排斥了汤姆,依恩作为一个有意识的孩子,也发展出了对他哥哥的消极看法。对这个残障孩子的歧视,他正在经历的社会污名部分地是由家庭建构出来的,他们试图保护依恩和他们自己免于残障身份。这看起来像是一个对连带残障的家庭的恐惧,在围绕汤姆身份的家庭内部表述无疑强化了对残障的消极态度。在接受他兄弟姐妹残障问题上,依恩反映出来的困难和气愤,说明他正体验着连带残障。这看起来主要是由于,父母在强调两个孩子的差异。

控制的核心。这里提出的问题是,决策制定的权力是否存在于家庭中。依恩确实看起来有内部的控制,因为他在某种程度上像一个理想,得到了他喜悦父母的支持,而汤姆学会做一个这一等级中的被动接受者。但是,对这个家庭的权力关系再作一些思考后,我们发现可能是汤姆在家庭决策制定论坛中有更多影响,这意味着即便是在基础层面上,他也能作一些选择。

讨　论

　　不论是指出需要更好的社会生活、在家庭中更少的限制或关注对残障因素的"继承",和残障儿童共同生活都导致了各种反应。即便是在家庭内部,污名的社会因素也是明显的,这反映在家庭活力和社会互动中。这强化了在其他地方由此引发的压力体验,特别是当兄弟姐妹和同辈看起来不能做类似事情时。

　　这都指向了家庭内对残障的消极观点,并说明人们需要提供支持给这样的家庭来帮助他们解决冲突的压力。父母需要和他们的孩子讨论他们残障孩子的未来,这样兄弟姐妹就能感觉被包容其中并理解父母意图而不是生活在不确定、未能充分意识到或有效解决他们对残障兄弟姐妹责任的感受状态里。较之于其他兄弟姐妹能和他们自己(健康)兄弟姐妹共享很多经历,一个兄弟姐妹支持团体(Burke,2004;Naylor and Prescott,2004)可能会让很多兄弟姐妹受益,因为,这能减少隔离和差异感,有助于他们获得对残障更大的接纳和理解。

　　可能的情况是,家庭内把残障建构成一种正常的形式(Stalker and Connors,2004)。但是,对家庭的社会性影响可能对兄弟姐妹造成某种形式的社会不利(一如上面提到的凯尔西)。人们对残障儿童的接纳,应该也能唤醒对非残障儿童需要的关注,后者的残障体验是在和同侪的关系与互动中形成的。青睐一个孩子,不能让另外一个孩子受到歧视,一如此处汤姆的案例。对这些问题的专业警诫是,视家庭为一个整体,聚焦于残障儿童和他们的兄弟姐妹的需要供给。

结　论

尽管,是在不同地方做的,但是,从这两个兄弟姐妹研究中得出的共同结论是,残障儿童家庭的生活不可避免地对家庭成员有影响,这一点很清楚。这可能是不证自明的事实,因为设想任何没有后果的关系都是很难的。但是,出于调查我们理解兄弟姐妹所出现的各种后果的需要,这一研究需要实施。

从本研究中可清晰地看到,在家庭中和残障共存给了非残障兄弟姐妹一个新的身份类型,一个"残障身份",这和作为"连带残障"相互参照。建构残障的过程和污名的社会的、情境的和结构的方面,以及在每日家庭和社会活动中的体验相互关联。这里聚焦的主要是家庭内的社会情境和互动,尽管,情境的和结构的因素可能出现在工作中、家庭里、学校中以及和福利服务相关的正式场所内;但是为观察超越家庭单位的互动体验,这是需要进一步检视的。

连带残障的证据差异,通过对和残障儿童一起生活的遗憾的表达发出声来,但是,更经常发生的是随着兄弟姐妹的逐渐成熟伴随而来的积极态度,一如本章所汇报的。在社会生活中受到的限制包括,发现作为家庭成员一起做事情困难,失去了一些在非残障家庭中孩子可能有的机会:外出度假、出门逛街、把朋友带回家的自由且不会有歧视或偏见的恐惧。

这里提到了帮助兄弟姐妹们的过程,通过兄弟姐妹支持团体有助于提升自尊(Burke,2005;Naylor and Prescott,2004),通过接受咨询或得到父母的认可(Powell and Gallagher,1993)和通过服务参与(Burke,2004)。如果要发挥作用,就需要涉及的青少年们的合作。需要兄弟姐妹表达他们的关切看起来很重要,尽管这不容易做到。特别是罔顾事实上的差异,潜在地否定现实体验,建立起一种身份认同,试图契合正常化。然而,通过意识到连带残障,人们在污名造成歧视性后果、其结果可能造成社会排斥的理解上还是取得了成绩。

积极总是能平衡消极。而且,很多积极因素,如通过一个统一战线、对他人有更多认识、大多数兄弟姐妹对其父母和残障兄弟姐妹需要变得更为敏感等,家庭得以巩固。我们所检视的案例说明,具有连带身份认同的兄弟姐妹们的反应,将着眼点放在了和残障兄弟姐妹生活在一起的经历上。连带残障是真实的;它是讲其他人是如何对待有残障兄弟姐妹的青少年的,以及为什么他们需要专门的社会照顾服务供给。

实务要点

对于兄弟姐妹而言,和残障儿童一起生活会造成一些差异吗?

本章所用案例提供的证据试图展示,残障确实影响了兄弟姐妹。同胞不仅要照顾他们的残障兄弟姐妹,有时也被称为"年轻的照顾者",而且,他们还可能体验到了一些作为家庭关联结果的社会反应。

和残障人一起生活受局限了吗?

与残障儿童生活并照顾他们,将给家庭带来一些局限束缚,家庭将不得不仔细计划、为了做那些其他人日常做的事要把他们的生活组织好。照顾残障儿童可能包括提供基本的卫生、穿衣、喂食和帮助上厕所,还包括承担一些监管责任,而这可能超过了通常的年龄范围,即很多青少年变得自立的年龄。例如,有行为问题的孩子可能需要监督,而一个在轮椅中的孩子可能需要专门的交通和进入建筑的通行设施。

我们概念中分担照顾(责任)是什么?

和残障一起生活,经常意味着照顾是一个家庭的事儿,不仅包括妈妈、爸爸和兄弟姐妹手足,也可能包括大家庭成员(extended family members)。

分担照顾责任可能也意味着和那些领薪水的支援家庭的专业人士一起分担照顾责任。

服务供给和支持是一样的吗？

"服务供给"这个词指的是，服务的提供具有实践性，这一用法总是适用于提供救助，但是很多时候也包括参加特别的活动团体、子女看护和喘息照顾服务。家庭和残障将得到服务供给的支持，但是"支持"总是意味着情感的或治疗性支持，这区别于提供物质资源的服务。

第七章　倾听有特殊需要的儿童

本章旨在解释如何反映有特殊需要的儿童自身对于其未来社会个人发展的观点。专家们发现让有特殊需要的儿童参与到表达他们观点的活动中可以帮助到他们,一些类似的团体活动可以提供例证。

这一章的内容表明,无论通过言语还是非言语的方式,探寻孩子的看法对他们的健康是有好处的,且标志着其自我倡导技能发展的开始。同时,专家们显然需要花时间去倾听这些孩子,以确定他们的观点是否受到团体活动的影响。孩子需要从个体和群体两个角度来表达自己的观点(不一定要用言语的方式)。专家们应保证提供有效的与孩子一对一的机会,来探寻他们的意见。

为了揭示本章内容,许多来自约克郡和伦敦的孩子就他们的看法被提问(问题设计见附录一)。就这群孩子所表达出的观点来看,参加各种各样的活动能加强他们的自信心和自我倡导技能,这让他们在表达个体和群体的需要时考虑更为周全。说话,包括其他的交流沟通形式,的确能帮助孩子思维观点的发展。

特殊需要

本研究中的儿童"有特殊教育需要",这一需要在《1996 年教育法案》后的《特殊教育需要宣言》中有明确的说明。《实务守则》(Code of Practice)(DfE,2001,1.3)中对"特殊教育需要"的定义为：与多数同龄儿童相比,有特殊需要或学习障碍。《行为准则》是发布某一陈述或说明前的法定评估指南。所有同类的宣言都强调要倾听儿童对于他们自身需要的独特认识,这与联合国公约第二章的内容是一致的。

尽管被倾听是法定的权利,莫里斯(Morris,2001)的研究却表明,受到较高水平支持的孩子在他们获取服务和资源时其实需要经历一些挫折。事实上,贝雷斯福德(Beresford,1995)发现有残障孩子的家庭能接触到的资源是极其有限的。因此在衡量"什么是对的"和"什么是可获得的"两个问题的基础上,如何定义"需要"就成了一个难题。

一些关于孩子们的未来的证据表明,当遇到会对孩子们产生重大意义的事件时,必须征求他们自己的意见,后续行动也应考虑到他们的意愿(DfE,2006;Franklin & Sloper,2007)。早期伯克和希诺(Burke and Cigno,2001)的研究也支持了以下观点：孩子们的观点应在他们自身的权利框架内被倾听,并且被当作一个独立的、有其自身权利的个体来对待,而不是被归入到他们父母的或是一些专家的意见中。这一观点在本章的案例中再次被孩子们证实与强化。

独立与自主

为了鼓励团体中儿童的独立和自主性,儿童审查团体成立了。"自主性"被道林(Dowling,2000,p.83)表述为"成年人允许儿童实验、评判、选择和表达的自由程度"。

作选择的能力与一个人自信的程度是息息相关的,相应地也就取决于自我正面感知的程度。个人的自尊感是根据不同的情景体验变化的。要建立自主性,就有必要建立一个积极的自我形象。积极自我形象的建立可能取决于专业的社工,他们的力量不容小觑,尤其是对于孩子而言(Farnfield,1998,p.66)。这意味着专业的社工能影响到孩子的一生并帮助他(她)完成从绝对依赖到相对依赖的转变——出自特里维西克(Trevithick,2000,p.42)中的温尼科特(Winnicott,1975)部分。然而,尽管孩子也许可能认为社工是强大的,但这并不代表他们就信任社工。因此,建立信任是社工与儿童在交流过程中重要的一环。

团体可以通过团体内的推动者让成员参与集体活动来使成员获得身份认同,从而建立信任。社工同样可以用相似的方式促进与孩子的沟通,例如言语沟通、书写沟通、同时约见父母与儿童、表达帮助的意愿和积极回馈孩子。拿给家庭成员画像举例,参与这些活动有一个优点,即沟通需要涉及一些对象的选择,因为没有选择,通向独立的桥梁是难以被搭建的。对于自我倡导技能的发展,古德利(Goodley,2005)认为结对友谊(存在于两个有相似年龄和兴趣的孩子之间)是十分重要的,包括计划聚会和组织外出等,都是作出选择并执行它们的过程。如此一来,我们就可以理解专家鼓励孩子结成对子并一起完成相似目标的做法了,毕竟不是所有孩子都会很开心地投入到集体活动中(他们中的很多人都有一定程度的社会排斥),因此,这样的自由选择和独立性是必需的。

团体活动扮演的角色,同时贯穿着一对一的实践,可以由接下来的实验中观察到的团体经验来解释。实践者们会发现,承诺,包括频繁的见面,都提供了能验证选择是否达到预期效果的机会。

团　　体

来自约克郡的团体通常一个月见一次面,如果成员没有出席,他们会收到通知他们下次见面时间的信件或电子邮件。有时团体成员会在晚上见面,这种情况下见面通常持续两到三个小时。当他们在周六见面时,则会花更多的时间,甚至有一次活动(拍摄团体视频)从上午11点开始,直到下午6点还没结束。如果成员有需要,约克郡的团体会提供交通,否则由团体成员自行安排。

来自伦敦的团体第一次见面是在一家餐馆,孩子们都知道这家餐馆的炸鸡和薯片很好吃。第一次的见面是开放式的,最后还有之前参与进来的一家福利机构给孩子们发放传单。这一项活动旨在鼓励有特殊需要的孩子们共同工作,团体的推动者在组织这一活动的过程中发挥了很大作用。

从两个团体中我们都能学到的一点是,要保持团体成员对见面聚会的知情。这是一个简单的表示承诺的手段,也让聚会得以进行!

父母的参与

一个孩子的成长中通常都有父母或是监护人的参与,而不同父母或是监护人能为他们的孩子提供的照料或机会也是不同的。道林(Dowling,2000)引用了种族平等委员会的观点,即没有所谓"最好的"抚养孩子的方式,因为不论在白人家庭还是在黑人家庭中,抚养孩子的方式都是多种多样的。而菲利普斯(Phillips,1998)指出,与此相关的一点是,孩子们可能因种族、性别或残障而被差别对待,遭受污名。同样重要的一个事实是,很多有特殊需要的孩子可能会有交流障碍,这使得当他们的观点被忽视时,监护人(大部分是父母)有责任来代表他们发声(Burke & Cigno,2001)。

我们在这里所做的工作既涵盖了父母的观点,也反映了孩子们自己表达的观点。一个重要的发现是,有特殊需要的孩子们是会表达他们自己的观点的。这种意愿部分反映了团体活动的作用,也暗示着这群孩子谈论自己的意愿。这能给专家们带来一点启发:提供讨论的空间能促进观点的表达,帮助搭建从依赖性到独立性的桥梁——即自我倡导的本质。

数　据

约克郡的团体包含了一定范围的有特殊需要的孩子(见表7.1)。据他们的父母反映,其中包括学习障碍(7人,占23.3%)、读写困难(6人,占20.0%)、语言障碍(5人,占16.6%)和孤独症及其倾向(4人,占13.3%)。伦敦的团体中的5人都有"特殊需要",但这些不会被进一步分化。两个团体中的孩子都需要超出主流教育所提供的范围以外的教育支持(可以转到支持团体),因此在应对传统的学习环境上存在困难。

表7.1　约克郡团体中的特殊需要人群

特殊需要	人数	百分比(%)
学习障碍	7	23.3
读写困难	6	20.0
语言障碍	5	16.6
孤独症或倾向	4	13.3
运动障碍	3	10.0
其他	3	10.0
小肌肉运动技能匮乏	2	6.6
总计	30	99.8[*]

[*] 由4舍5人造成。

在该研究的现场互动阶段,研究者参与了三次约克郡团体的见面会(除独立的家庭访谈之外),其中一次是一个周末活动的反馈会议。伦敦团体包括与5个有特殊需要的孩子的见面。再一次说明,访谈进行前我们已征得许可。在参与两个独立团体的经验中,孩子自己体验到和表达出来的收获都让人印象深刻。

约克郡的团体

加入团体前的经历

在加入这个儿童团体前,许多孩子都有过艰难的体验。例如,约翰(John,13 岁)将参加这个团体的原因总结如下:

> 我倍感煎熬的时候加入了约克郡团体,我们收到了一封邀请我们加入的信。我本以为这将会非常无聊,但我去了之后发现不是这样。我们讨论了校园霸凌以及如何阻止它。

保罗(Paul,13 岁)这样表达他的需要:

> 我觉得我的问题是后天经验导致的。我并不是生出来就有读写障碍。我在学校表现得不好。我必须与帮助我的人合作,努力来帮助自己。

很多这样的访谈都谈到他们不断接收到来自学校的消极批评。例如,乔纳森(Jonathan)说他总是被说成“懒惰的”;保罗(Paul)(刚才提到的那位)被说成是“笨蛋”;艾伦(Alan)的父母被告知说学校对于他们的孩子无能为力;肖恩(Sean)一开始就受到惩罚并被开除。

艾伦(Alan,14 岁)通过他家所在地区的破坏性事件的发生来说明团体给他的力量和影响:

> 他们也有特殊需要,但他们的父母并不在意。他们被放任自生自灭,到处破坏一切事物。

这段话意思很明确。如果艾伦(Alan)没有得到加入这个团体的机会,他很有可能就会成为“破坏一切”的人,但是他现在有一个安全的身份,他属于这个团体并且享受参与这里的活动:他明白哪些行为是不可取的。当他的需要被团体设置中的其他人接受与承认时,他的成熟度和自我理解程度都会加深。显然,总是受到消极的批评会让孩子们贬低自己,而加入团体活动则有利于提高他们的自尊感。

团体视频的制作

一个有建设性的经验是视频的制作(由团队推动者领导的一个主要项目)。这个制作过程让这些孩子能发现自己的能力并使用技术设备。

视频的制作激发了他们的某些天分和能力,并且通过这种方式,孩子们可以说出他们的观点(和研究者一起),有时可能因为过于集中精力做手头的事情而没有意识到他们正在表达观点。这项推动者和团队成员都参与的项目通过视频制作过程中的任务分工,提升了团队认同感。每个人都很喜欢把每天发生的事情拍摄下来并发表一些评论,就像这些孩子说的:

> 我们开始为有特殊教育需要的人制作视频,告诉他们怎样改善现状。我可以当这部电影的导演。(迈克尔/Michael,8 岁)

> 我就是喜欢做一些类似于画画、与人见面和对着镜头说话之类的事情。这真是太棒了!(莎拉/Sarah,14 岁)

> 你不需要一直解释你需要什么,你感觉如何,这是一种解脱。来到这里并制作视频,把有残障是一种什么感受说出来,为自己作决定,我觉得很开心。(迪恩/Dean,16 岁)

推动者经常邀请当地的报纸来拜访团体,因此,当地的出版物上偶尔会出现一些文章。这个团队和一个组织合作,也出版了一本描写这群孩子的杂志。这本杂志带来了非常积极的影响,成员们都感觉到更加被重视了。这里成功的关键在于征求意见和有价值的想法。

周末活动

约克郡团体的一个不容置疑的亮点就是在湖区的周末活动。这个活动是在父母的允许下由团队的组织者安排的。活动对团体内的孩子和他们的家庭成员们开放。活动同样鼓励孩子们来评论如下：

> 我是因为我的弟弟去的，他现在用着轮椅，他不能走路。我的父母也来帮忙。我们一起做所有的事情，箭术、探险、骑行等。真的很好玩。（哥哥约翰/Sibling John，13 岁，同样是特殊需要团体的成员）

> 在这里真的很棒！我下次还想来，因为我交到了新朋友。（丽贝卡/Rebecca，12 岁）

这样的周末提供了一次和彼此了解的小伙伴们一起远离日常生活轨迹的机会。活动鼓励了家庭的参与，让大家的关系更为紧密。一起逃离日常生活会促进人的归属感，这对于以前常被边缘化的孩子们是至关重要的。在一对一的情况下，这并不一定是专业工作人员的职责，但事实证明了家庭活动（例如度假），确实能促进家庭成员们的团结。然而，在资金充足的前提下，如果没有细心计划或是一开始强拉关系，度假也可能会有一些负面影响。专家们所在的机构也许能有办法筹备度假，当一些家庭不能自己组织度假时，专家们应该帮他们寻求这些服务。

报告与授权

参加了周末活动的家庭被邀请参加一次专门的会议，用以评估这次活动。在会议中，所有的孩子都通过画画和使用意象的方式，在团体讨论中评估了这个周末。例如，在意象的使用上，阳光样子的剪纸被用来表示幸福，雨和云形状的则用来表示不悦。阳光的象征意义是非常明显的！因此，这些孩子便有机会来练习评估、选择和表达自身观点的技能。所有活动都鼓励个人观点，并尽可能地就他们的感受和选择进行沟通。

作为交流的一种方式,象征意象的使用不可低估,尤其是对于那些有沟通障碍的孩子们来说。象征意象是一种非常清楚的表达方式。当工作者主导着与孩子一对一的交流过程时,这种特殊的技术很有用,但它需要一个事件来评估或作出反应。这样的方式能提升表达技能,另外,团队活动也可以包含在工作者的访谈中。清楚地报告是一个重要的环节,也许任何家庭活动之后都应该做一次报告。

伦敦的团体

来自伦敦的团体一开始有 8 个孩子共同构成团队成员间的核心关系,后来剩下了 5 个成员,他们接受了本次研究的采访(在团队成立 18个月后)。阿里(Ali)现在已经 18 岁并且在上大学了,她这样描述他们一开始会面的目的:

我们想要拥有发言权,因为在普通的青少年俱乐部或是其他社团中我们不能表达自己。这是一次很好的机会,我们可以与能够懂我们并且愿意倾听的人来分享我们的观点。

克里斯塔(Christa,18 岁)说她在团队中受益颇多:

这样的活动给了我们机会来表达我们自己的感觉。其他任何地方都不会给你机会说话,但这里可以。

团队里的詹妮弗(Jennifer,14 岁)说:

在学校里,其他的孩子并不那么友好;但在这个团队里,他们能懂我。这让我更加独立。因为我身体上的残障,我以前从来不会过多外出,但现在我经常自己一个人出门。我不再只是一个"待在家里的人"。

詹姆斯(James,15 岁)说他直到 6 岁才开始说话:

这个团队帮助我开口说话。它帮助我解决交朋友的困难和学习上的困难。它让我有更好的自我感觉。它给了我巨大的自信和对新事物的体验。我现在更加自信了。

与发展成员关系的最初期待相比起来,这是一个可观的收获。在加入团队并产生归属感之前,这样的挑战对于团队的参与者来说是想都不敢想的。显然,这些孩子的个人内在能力得到了发展,尤其是在相对较短的时间内,他们就能对一个完全陌生的人(访谈者)表达自己的观点。

特殊需要团体的共同经历

团队通常提供给成员们表达观点、作出评判与选择和为他们自己负责的途径。通过一些团队活动,像是制作视频,两个团队中的孩子们都能表达出集体的声音。然而,在被访谈到的孩子们当中,一些人并不经常参加团队的会面,一些人甚至已经不再聚在一起。约克郡团体中访谈到的 15 个家庭中,有 6 个孩子只是断断续续地参加活动。保罗(Paul,18 岁)和乔纳森(Jonathan,15 岁)偶尔出于对更小的成员的责任心而参加活动。作为约克郡团体里最大的成员,他们不参与活动的情况最严重:

> 我认为如果我再小一点的话应该能从这个团体中收获更多……我认为这对于更小一些的孩子可能更好,但我这个年龄的孩子不是它的目标。

这说明同伴身份是很重要的。在伦敦的团体里,成员都相对大一些,所以基于与年龄相仿的伙伴之间的共同活动和讨论,他们的团队认同感更强。然而,当团队年龄范围偏小时,就像对于保罗和乔纳森那样,他们会有一些不适应,但仍然会有继续参加活动的责任感,他们需要表现得更像更小的孩子的指导者,而不是实现自己的需要。

显然，孩子们喜欢和在教育上有相似经历及困难的孩子们拥有共同的身份。这一点在学校里最初被视为消极的，直到发现在了解彼此困难的孩子之间的团体活动不会限制、反而会促进观点的分享。很多孩子说他们在学校没有体会到归属感，这可能是因为被视为"特殊教育需要群体"的污名，或是因为一些残障而在一定程度上被认为和别人不一样。总的来说，团队成员的关系是有益的，它可以提高这些孩子的自尊感和幸福感。这在一定程度上可以提高自我倡导技能，即表达自我的能力。当专业社工或是促进者要帮助有特殊需要的青少年在家庭中更积极地被关注时，团队成员的关系同样适用于家庭情景。显然，活动的经验可以反映孩子们的观点，从而表现出他们的发展机会。

自我倡导

在本文语境下被称作"特殊需要"的有学习障碍的人的需要，在《重视人的价值》的文件（DoH，2000b）中也得到了强调。这份文件指出，强调这些人的需要，是一项势在必行的重要政策。然而，尽管这样的政策方针的意图是值得称赞的，如果制定政策者不能通过一些生活方式或经验来发现代表这些人的需要，政策的推行可能会没有结果。显然，只有让有特殊需要的人群参与到与他们相关的事务中来，并让此成为日常惯例，他们的自我倡导技能才会得到提高，这不能是象征性的，也不是形式上的。自我倡导技能形成的基础是表达感觉，来代表自己，但如果没有人倾听，这依然是无效的。

因此，作为一个起点，专业社工需要倾听。这并不是什么惊人的事实，但它的重要性常常被低估，人们通常只倾听监护人或代表者，而不是有特殊需要的个人，而他们的观点才应该是讨论的核心所在。对于一些不能通过正常方式或途径来交流的人来说，要考虑他们的需要是有困难的,就像菲顿(Fitton,1994)解释的那样——但通过一些手势和信号来表达对给定的意见或观点的赞成与否,理解同样可以进行。这样做的风险在于,对于一些有学习障碍的孩子,他们的父母可能会表达出与他们相反的观点。孩子的需要发生在专业社工和有特殊需要的孩子们的搭档关系中,从法定角度来说,都不应该、也不能避开父母,但这是聆听孩子前必要的一步。作为表达不同于他人的个人观点的手段,自我倡导在其中得到发展。

后续讨论与思考

这项关于特殊需要的研究显示了在约克郡参与独立教育咨询团体的孩子的观点,同时与在伦敦参加相似团体的孩子们的观点作比较。在进行与孩子相关事务的伦理上,提出了具有重要意义的一些问题,并对它们进行了回顾(见第二章与附录一)。参与本研究的孩子们都表示他们的自信心和自我倡导技能都在团体经历中得到了提高。在两个团体中,成员们一直参与基于任务的活动,这些活动提高了他们的自尊感并帮助他们建立起自我认同感和目的性。

两个团体中的15个孩子接受了访谈(和35位父母一起)。团队成员表达出的团队经验对他们的影响有一定相似之处。事实显示,被认为有"特殊需要"的孩子确实能从参与儿童团体中获益。两组的设定都给予了孩子们发展独立观点的机会,并且这一点在孩子们对他们团体经验的描述中得到了明显的体现。

这两个团队成员身上典型的社会排他性的体验,尤其是孤立感,都在另外一种环境(儿童团体)中得到了一定程度的治疗。当要辨别每个孩子的需要和独立于他们父母的责任时,发展孩子们自己的观点似乎尤为重要(Fortin,2003,p.59)。尽管每个家庭成员的需要都同等重要,但个人的需要并不一定要和其他家庭成员的需要相同。给孩子们一个被接受的机会是让他们产生归属感的一个小手段。

早期的研究表明,不同种族、文化和班级背景的孩子们的需要是不一样的(Phillips,1998)。在这个小样本量的研究中,也存在一些问题,如共同的身份认同究竟是简单地基于其他人对特殊需要的评估而建立起来的,还是需要对个人认同的不同维度给出创造性的回应。然而,这项研究表明,约克郡和伦敦的团体都受到了相似的积极影响。伦敦的团体在班级和种族上更多元,但尽管如此,团体认同与成员关系还是在领导和支持下建立起来并维持下去。同时,年龄的重要性再次被体现,因为对伦敦团体成员的访谈反映出了极强的目的感。

促成特殊需要儿童团体成功的因素可能有很多。团体经验的基础原则就是“远离”,不管是对于学校,对于家庭,还是对于其他孩子们觉得不被接受的地方。在两组团队设定中,对于孩子们需要、观点和愿望的同情与理解是十分明显的。为了让这些通过团队代表者们表现得更为突出,对于推动活动的团队领导者来说,一个很重要的能力是让孩子们参与进来,并让大家一起作决定。达到这一点,需要温和的引导和鼓励。

实务要点

什么是特殊需要?

这一术语用于笼统地描述有各种智力或身体上有缺陷的儿童或青少年的处境。一个有特殊需要的孩子是一份有法律效力的《特殊教育需要宣言》的主体,在其中应指出这些需要应如何被满足。作为申明书中的一种教育评估的特殊需要,旨在帮助这些指定儿童最优化地利用他们的教育机会。特殊需要在一定程度上被视为连接“残障”(作为社会建构)和“损伤”(作为医学定义)的桥梁。

为什么要访谈有特殊需要的孩子？

与孩子们交谈对于看看他们是否有要表达的观点是很重要的。在本章中呈现的访谈通常辅以对讨论环节的关注，即一项在会面后进行的活动（例如：制作视频）。在周末活动的报告中，沟通的进行辅以带有符号的卡片，以便于言语能力较差的孩子表达他们自己的观点。然而，访谈也受到了讨论的规模和范围的限制，部分因为一些研究困难（没有充分的交流途径），但当要论证孩子们的某项利益时，这些访谈十分重要，并且它们只是在专业社工和期待被理解的孩子们的交流中，辨认这些孩子们需要的一个开端。结果证明，这些孩子们有自己的想法，并可以自己作出选择，这些在专业的决策制定中都应加以考虑。

父母的角色有没有因为照顾残障儿童而变得不同？

在本章的内容中，父母的角色与他们在残障儿童照顾需要上的投入是相关的。从本质上来说，这些父母的角色和其他照顾子女的父母角色并没有不同之处。然而，我们不能低估与残障孩子生活为父母带来的改变，他们也许要将他们的这项任务视为一份永远的责任，并不带任何他们的孩子能独立生活的期待。例如，一个15岁的孩子在学习的后期阶段也许几乎独立了，但一个残障的孩子却依然需要照顾和监护。一个严重残障的15岁孩子可能仍然需要用勺子喂饭，因此，父母的职责可能会被永远限定在照顾一个小得多的孩子的需要上，但在其他所有方面，这个孩子都是一个成人（同见第九章关于实现独立的"应用指引"）。

致谢

本章所用数据最初发表于《*Journal of Learning Disability*》（Burke，2005）。

第八章 儿童和青少年的支持性团体

为了协助有特殊需要的青少年及其兄弟姐妹,大量的支持性团体应运而生,本章重点检视这些支持性团体的特征。早期研究发现参加支持性团体可以建立个人的团体成员身份,形成一种俱乐部式的身份认同,这有助于增强个体的自我价值感(Burke,2005)。本章的意图在于说明除了一对一的方法之外,专业人员还可以使用团体的方法帮助到服务使用者。本章会描述这些团体如何运作,并给出在实务中运用的具体建议。

通过对这些支持性团体的总体特征描述,本章希望向专业人员澄清和介绍参与支持性团体的经历对组织成员社会地位提高的收益。为了达成这一目标,向特殊需要青少年了解他们对参加支持性团体是否有价值的看法,就成为本章讨论的起点。本章将会总结一些实务工作中的好做法。

以团体活动为基础的实证研究表明,尤其是戴斯(Dies,1992)提出,个案治疗和团体治疗在成功率上基本没有差别。然而,里瓦和卡洛德纳(Riva and Kalodner,1997)指出团体研究得出的专门知识和技能应该指导实践。贝德纳和考尔(Bednar and Kaul,1994)就曾在团体中进行长时间研究,指出团体成员可以在多方面获益。正如道林(Dowling,2000,p.11)所述,团体的目标就是应对成员负面体验的影响,这些体验"让这些儿童不可避免地认为自己是能力不足的,……是失败的"。显然,如果团体过程发挥作用,那么专业人员就可以利用各种机会鼓励这些青少年。

一些证明

来自兄弟姐妹支持性团体的观点

第二个研究(参见附录一)对一个成员来自 41 个家庭的兄弟姐妹团体进行了评估,结果总体是令人满意的。完成评估问题的家庭中有 38 个认为团体聚会是有用的,33 个家庭选择了非常有帮助,5 个家庭选择了相当有帮助。参加团体的家庭中的兄弟姐妹自己的回答也印证了这一结果。尤其是,每次活动都提供的聚会机会被视为愉快的体验,很受欢迎,这就印证了早期研究的结果(Burke and Montgomery,2000)。来自参与支持性团体的兄弟姐妹的各种感受和情绪如下:

与了解情况的人谈论你的兄弟姐妹更容易。(一个 12 岁的小女孩)

她和杰基尔(Jekyll)和海德(Hyde)很像,常常把东西拖来拖去,到处乱扔。她会破坏所有的东西,但她有灿烂的笑容,很可爱,很善良。(一个 13 岁的小女孩)

我跟她玩得越多,她就越少让我烦心。(一个 14 岁的男孩)

显然,这表明团体成员在团体中自由交流,在安全的环境中建立了团体认同。

特殊需要群体的观点

加强个体责任的观点在这个团体(参见附录一)中得到了有力的证明。这说明当提高青少年的自信水平、鼓励他们在一定程度上实现自主时,这些青少年是很有价值的。以下是团体成员反馈的参与感受:

这给我提供了一个与人交往、和朋友交谈的机会。我喜欢画"纸人",喜欢看视频,喜欢现在的团体。(一个 15 岁的女孩)

我现在很乐意跟其他人分享我的观点,我有很多朋友。在这个团体中感觉很舒服。(一个 12 岁的男孩)

去那里跟人们交谈很棒,此后不久,我就感觉好多了。(一个 14 岁的女孩)

人们去那里学到了更多,还分享了各自的看法。(一个 12 岁的女孩)

我喜欢做以前没有尝试过的事情。我喜欢交新朋友。(一个 10 岁的男孩)

这些先前参与团体的青少年在一定程度上感觉到了被排斥在主流活动之外。尽管有这样的早期负面经历,团体依然能够保持足够的热情和兴趣来组织团体活动。

团体中的青少年各自的状况及入学时间各不相同。据莎拉的妈妈说,莎拉(10 岁)在团体中跟其他小朋友讲自己遇到的问题和困难,而在学校她从不这样做。保罗(14 岁)也谈到他的感受:"我有很多没有困难的好朋友,有时听那些明白的人谈话感觉很好。"

这表明团体提供了团体成员分享的平台,团体成员在团体中可以分享学校日常生活中遇到的问题和困难,在学校是很难表达和分享这些担心与焦虑的。孩子们的团体提供了一段开心的、支持性的、发展性的体验。周末的团体活动成为团体成员期待参与的主要内容,强化了团体体验。

初入压力(induction stress)

团体中的团体成员关系并不是很容易建立的。在团体的建立阶段,加入团体是有压力的,科里称之为"焦虑且有不安全感的"(Corey,2004,p.90)。然而,通过与残障的兄弟姐妹进行有条理的交谈和经验分享,团体成员会发现自己的经历并不是唯一的,最初的焦虑也会因此克服。此前参加兄弟姐妹支持团体的孩子们经常提到因为自己与别人不同而感到孤立,因为与学校里其他小朋友相比,他们有一个残障的兄弟或姐妹。然而,当他们进入团体,成为其一部分之后,他们发现孤立的感觉减少了。

例如,珍妮(15 岁)谈到团体时说:"帮你认识到你并不是孤单唯一的;其他人也像你一样有残障的兄弟姐妹。"对马修(15 岁)而言,谈论他的感受是一项重要的活动。团体中的成员可以交流观点和看法,比如有一个残障兄弟姐妹的复杂感受,在学校被欺负等这些可以与理解的人分享的事情。

常见的理解

不是每个人都愿意谈论自己的家庭经历。对这些儿童而言,周围都是理解他们感受的人,不需要过多的解释,这是他们在团体中的积极感受。莎拉(13 岁)指出:"你不需要说自己的感受,他们(指团体成员)都明白。"但是,谈论很重要。特殊需要团体的成员迪安(16 岁)表达了他对学校经历所怀有的负面感受:

> 我去的是普通学校。他们声称会像其他孩子一样同等对待我。但是,当我需要上厕所的时候,就不得不寻求帮助。现在他们告诉我,我需要两个助手,因为我"很脆弱,很弱势"。他们以为他们是在保护我,但实际上应该由我来决定如何来帮我、谁来帮我。

迪安有理由对在学校接受的不那么有帮助的对待方式感到生气,他感到学校对他的需要的理解很表面,只有在支持性团体中他才可以表达自己的真实感受。他在学校中表现出的"脆弱性"是由于他没有也不能应对他人对其最隐私功能的介入,以至于他会克制自己去厕所(会产生不舒服)直到从学校回到家里。

在团体中倾听别人,意识到大家有共同的经历和感受,会让团体成员间建立紧密的联系,建立友谊,这都是至关重要的。有时团体中建立的友谊会持续到团体结束之后,即使没有,这段经历也是有价值的。在团体当中,那些在日常生活其他地方阻碍他们建立友谊的因素都没有了。残障是被认可和接受的,不会出现学校当中那种因为残障而感觉与其他同龄人不一样的感觉。一个十几岁的男孩说:"人们欺负我的姐姐,我感觉很糟糕,但是这种情况并不会出现在兄弟姐妹支持团体当中。"

虽然不是每个团体成员都能记住一个以上的团体活动,但相当部分的成员几乎享受所有的活动。马修(9岁)喜欢"跑圈、做游戏和做手工,很有趣"。绘画是这个年龄段的孩子普遍喜欢的活动,但也不是每个人都喜欢所有活动。马克(8岁)就说:"还不错,但我不喜欢其中某些东西,比如烘焙。"

周末活动和平时的外出活动比晚上的活动更受好评。对尼古拉(13岁)而言,周末离开残障的姐姐是一个难得的独处机会。周末的活动是让人激动的,给家庭中有残障兄弟姐妹的儿童提供了少有的机会。据霍莉(13岁)说:"我们做了所有我想做的事情,跳伞、骑摩托车、从山顶绕绳下降。棒极了!"汤姆(12岁)对在游艇上过的一周兴致很高。那些还没有跟团体成员一起外出过的一些成员表达了希望很快有这样机会的愿望——这看上去是团体活动中的热点活动。同样的,当谈及对提升自信的看法,这一问题集中在团体成员参与支持性团体的意愿和对团体功能的贡献上。

在特殊需要团体当中,源自伦敦团体评估团队的各项评估指标都没有负面的反馈。所有5个青少年都发现团体在多个方面皆很有帮助。唯一的建议来自詹姆士(15岁),他说:"我希望可以见到更多不认识的人,这会帮助我交到更多的朋友。"这一点表明了詹姆士的发展潜力,显然,团体会员身份已经鼓励他想要获得团体之外的新体验,也体现了参与团体活动带给他的成熟和更多自信。

需要改变什么

第二项研究（兄弟姐妹团体）和第四项研究（特殊需要团体）中接受了访谈的青少年认为支持性团体的改变会提升它的功能。这与会面的频率和时间长度、团体成员的年龄范围及父母的参与程度有关。

第一，团体成员不喜欢各部分间的长间隔，那会使他们感到会员身份的不同。有趣的是，特殊需要团体中的一个男孩表达了建立更具代表性的兄弟姐妹团体的愿望。他说："我希望它更像一个定期的青年俱乐部，你可以每周去与同伴碰面，而不是感觉这个团体之所以建立是因为我被告知有特殊需要。"

第二，团体成员的年龄段集中在整个青少年阶段。当年龄跨度过大时，有些人会感到不舒服。珍妮（15 岁）在成员多是 10 岁至 11 岁年龄的团体中感到不舒服。尽管如此，她很喜欢这个团体，觉得很有帮助。一个 18 岁的团体成员说："在这个团体中我的年龄太大了，但我可以看到它很有趣。"但是，按年龄划分也会让有妹妹的团体成员感到遗憾。莎拉（12 岁）说："那样我会离开我的妹妹，我很想她。"总之，年龄的适合对这些青少年而言很重要。

第三，当父母偶尔参与团体活动时，有些特殊需要团体的成员就觉得他们不够独立，尤其是在团体活动的集体会面当中。与此不同，兄弟姐妹支持团体中父母是被排除在团体活动之外的。家长并不清楚了解团体会议的内容。他们说自己基本不知道团体会议中发生了什么，他们理解为这是属于孩子们自己的时间。也许应该平衡这两种极端状态：充分与家长接触以消除他们对聚会的担心，同时团体与家长保持足够的距离以保证青少年的独立性。

团体成员可以在团体中享受身体上的自由至关重要。同时，给这些青少年提供表达自我的机会也很重要,这样他们才能对自己接受到的帮助提出批评意见,他们的声音应该有人倾听。这些观点对于发挥团体的功能非常重要。

家长的观点

与青少年自己的看法类似,来自家长的意见是团体的不确定性。一位与其他妈妈有联系的妈妈表示:

> 妈妈们不安的是团体的整个过程是短期的。我们不知道下一个团体将会在什么时候进行。不论何种方式,这都是资源的问题。

一位家长对兄弟姐妹支持团体发表了以下评论:

> 当我们的儿子对他的哥哥为什么有残障这个问题很困惑的时候,他很有幸参加了一个兄弟姐妹支持团体。这个团体应该是长期的,以便这些成员可以"出入自如"(dip in and out),有一个固定的空间分享自己的经历,感到不那么孤单。

另一个家长的简短评论如下:

> 团体给孩子们提供了做以往无法完成的事情的机会。因为我们要承担照顾职能,我没能做到。参加团体对他们很有利。

由此可见,兄弟姐妹团体和特殊需要团体都被认为是有价值的,但团体开展的时间太有限,或者频率太低。正如一位妈妈概括的那样:"一年中的其他星期他们要做什么?"虽然,家长们知道,当他们的孩子的团体将要开始前,他们会收到一封通知邮件,但他们不知道孩子为此需要等待多长时间。

大家提出在一整年当中,团体至少每个月组织一次会面。在未来的团体活动中,定期会面的方式要好于不确定的会面。

家长们明确希望可以从团体带领者那里得到一些反馈,以确保团体过程得到他们的认可。在家长们的印象里,目前的兄弟姐妹支持团体并没有这样的反馈。正如此前提到的那样,特殊需要团体中的情况恰恰相反,父母们在团体活动中的参与过于紧密,甚至已经成为家长与青少年一起离开家参与的周末活动。有些遗憾的是,对团体安全的要求将更为积极的获得独立的方法排除在外了。加上活动内容表也许可以解决这个问题,同时可以配上参与证明,以便说明每个孩子参与的团体活动。

戴森(Dyson,1996)提出如果青少年不能参与家庭讨论,表达自己的观点,那么将丧失信心,缺乏自信。团体活动帮助团体成员建立讨论问题和表达观点的信心,使他们未来可以参与到家庭讨论当中去。如果团体没有解决一些问题,特殊需要团体的带领者有责任把状况反馈给家长。

组织活动的价值

通过团体会面后的访谈可以看出,对很多青少年而言,兄弟姐妹团体的价值不仅在于参加活动。具体如下:

菲利帕(Philippa,13岁)很担心自己身有残障的妹妹会怎么样。她说:"她怎么了?"她说会尽力了解妹妹的需要,也意识到她未来会遇到的困难,但发现了解妹妹的特殊需要很困难。霍莉(Holly,13岁)为她的哥哥担心,"是否会有人喜欢他,跟他结婚生孩子"。霍莉认为,即使哥哥可以有更独立的生活,可以减轻一些她对哥哥的责任,她的哥哥也没法谈恋爱,建立家庭并为他的家庭承担责任。

团体会议并不一定解决这些问题,但可以对这些观点进行讨论,与团体中的其他青少年分享自己的观点。在特殊需要团体中,团体成员的身份认同感很强,不断增加的观点表达帮助青少年意识到他们可以作出决定和影响决定。虽然大部分决定是关于团体活动的,但实际上这是实现自我决定的一个步骤。

大部分团体成员都对团体活动表示肯定。"非常棒,它是最好的,是让人期待的"是各个年龄成员的典型反馈。特殊需要团体的成员珍妮弗(Jennifer,14 岁)说:"团体给你提供机会去交谈,只有这时候有人听你谈话,这让你活得更好。"

所有的计划是否都达到预期结果似乎不总是最重要的,重要的是可以有计划,并在一定程度上按计划进行。青少年在练习使用自己的权利作决定并为自己的决定努力的过程中积累经验,这些经验表明他们获得的新技能是有价值的。事实上,这与《提升人的价值》(*Valuing People*)(DoH,2001b)报告是一致的,这一报告也强调了选择和获得机会的需要。

对团体活动的关注始于亚当斯(Adams,1996)的论述,他将增能视为获取一定程度的自我决定和独立的结果,虽然增能可以通过更多巧妙的办法实现。特殊需要团体使用团体会议的办法讨论欺凌现象,探讨停止欺凌的实务办法。这样的讨论使得团体成员处理这种情况时更有准备,更有效,虽然不是完全实现青少年增能,但在增加自信基础上实现了自我决定。

讨 论

显然,参加团体是一种解放性的体验,其最棒的部分就是青少年一起参与。特殊需要团体的持续特征是"成长"和对其所属团体的绝对信任与忠诚。友情模式在两种团体成员认同度很高的团体中都建立起来了。这也许是因为离开家庭的限制性环境而感受到的自由。两个团体中都充满了理解的氛围,在团体中不需要解释,同伴也会明白你的感受。根本而言,这些青少年可以在理解自己的、有共同需要的同伴当中表达自己的恐惧、焦虑和未来的愿望。

促成团体的专业角色对青少年建立积极的身份认同至关重要,一旦青少年克服了最初没有归属感的恐惧,开始与同伴分享自己的感受,积极的身份认同就会开始建立。极重要的一点是进入团体,因为在团体中这些青少年才有可能表达自己的感受和态度,这在家里是无法实现的。虽然团体很成功,但它也并不是唯一的出路。需要特别提醒的是,有些青少年需要单独帮助,也有个别青少年担心加入团体会被归为不同的人群。对于这样的儿童,专业人员应该给予一对一的关注,在不增加其需要特殊帮助的感觉下,让其顺其自然地发展,因为需要特别帮助的感受会强化其与他人的差异。也许残障会向种族、性别和经济社会地位低下一样,因为累积的差别对待而在孤立的儿童身上固化,这种分层效果会导致回避与隔离。需要是可以满足的,但首先要得到他们的认同。这些研究表明兄弟姐妹和残障儿童的兄弟姐妹都有需要,专业人员对他们的帮助应该始于包容性评估(inclusive assessments)。

总　结

兄弟姐妹团体和特殊需要团体的评估资料表明参加支持性团体的经历对参加者是有益的。两个团体的共同因素总结如下:

1. 提供了儿童发展独立见解的机会,这一点在青少年对自己团体经历的表述中表现得很明显。发展独立于父母的观点和看法是无价的。

2. 参加团体减少了社会排斥尤其是隔离的体验。提供参与机会这一简单的办法使得这些青少年感受到了归属感。

3. 需要注意的是,团体带领者的注意力会影响团体目标的实现程度，尤其是开放征集团体意见的时候。

4.团体体验的基础是"离开"，无论是离开学校、离开家，或者是其他一切让团体成员感到不被接纳的地方。

5.发起团体时需要注意恰当的方向、鼓励和尊重青少年的观点表达。在本研究中，团体经历对青少年确实有益处，正如他们自己提到的那样，增强了自信、语言表达能力和自尊。

6.支持性团体有助于提升青少年的形象，促进社会融合。

虽然特殊群体成员的选择非常有限，但正如标题所示，《提升人的价值》(*Valuing People*) (DoH, 2001b) 是成功的关键要素，它强调了在给不同群体提供活动之前要首先做到接纳。

显然，支持性团体有助于提升青少年的形象，促进社会融合。这是更大范围的弱势青少年接纳残障儿童及其兄弟姐妹的前提。残障儿童及其兄弟姐妹的需要可能与被访的团体成员一样，甚至更多，发展他们的潜力可能可以让他们与其他儿童一样获得成功。虽然青少年认为其参加团体最根本的收获是经历，但"成功"是一个有价值的判断。

实务要点

什么是支持性团体？

支持性团体是用来帮助有共同经历（见本章上下文，与残障的兄弟姐妹一起生活）的青少年应对生活中的挑战的。这通常是在与其他有共同需要的同伴一起开展活动中实现的。所有团体活动的设计是要让成员在完成特定任务后获得自我价值感和成就感。支持是在没有威胁的环境中，通过团体带领者和在团体活动中的分享及参与来实现的。

什么是团体供给（group provision）？

这通常与可以满足团体成员需要的资源状况有关，通常由团体发起者可以找到的资金数量决定。团体成员部分或完全地决定了团体的供给状况。团体中通过鼓励成员参与作决定的过程来鼓励自我决定，建立个体自信心（也参见第七章）。但是，如果资源状况没有达到团体的基本要求，那也可能产生适得其反的效果，会增加弱势者和有需要者的挫败感。

初入压力（induction stress）指什么？

人们第一次加入一个组织通常会因为不确定自己是否受欢迎而感到有一些焦虑。初入压力就是指陌生人进入一个新环境时的感受。

我们是否应该告知家长团体活动的内容？

家长们想要了解团体活动的愿望与团体的自我决定存在潜在的冲突。于是，我们要在家长知情权和团体保密与自我决定权之间找到平衡点。后者有可能是要被放弃的，例如，如果团体决定要开展"悬挂式滑翔"（hang-gliding）之类的有潜在危险的活动，就必须首先征得家长们的许可。

为什么要考虑将来的需要？

考虑一个人将来会怎么样是必要的。在团体情境中，团体或者将成员限制在特定年龄，或者限制团体发展到更大的年龄，这样新成员的持续需要也许会被排除在外。将来的需要是关于成长及其所需的准备的，团体的成员关系应该提供一种超越只是即刻或最初归属于团体及其活动的持续性感受，成为迈向成年的逐步发展过程。

第九章 一个在社会照料中增能和融合的积极框架

将本书中的所有资料放在一起来看,很显然,残障儿童家庭的生活会对每个家庭成员都产生影响。这可能是一个自我证明的真理,因为很难想象有哪个家庭关系是不受影响的。然而这些儿童残障的调查和研究是希望理解家庭整体因此而受到的影响。可以肯定的是与残障者一起生活会让其没有残障的兄弟姐妹和其他家庭成员感到一种"次级残障"(secondary disability),我称之为:"连带残障"(disability by association)。连带残障与界定残障家庭时在社会性、情境性和结构性等方面的污名化相关。这里要重申的是,本书的意图不是将残障视为问题,而是去理解家庭对残障的反应,其中包括残障儿童以及与更广阔社会情景中的他人的关系。本章关注家庭对专业支持的需要,以及残障者从依赖到独立生活的生命历程。

照料、社会排斥和实务知识

在我早期关于家庭支持需要的研究中(Burke and Cigno,1996),我提到过达利(Dalley,1993)。他提出用"家长主义思想"(familist ideology)来解释家庭作为专业支持的中心的原因。这一观点对我的研究产生了持续的影响,因为在服务提供和资源分配方面家庭是儿童发展的中心。对残障儿童家庭而言,家庭每天最多的事务就是照顾需要的满足。需要注意的是,女性是残障儿童的最主要照顾者,其兄弟姐妹承担支持性照顾责任,包括对残障儿童的监管、成为其小帮手和主要的玩伴。我的研究证实了这一点:即使是有孩子参加了兄弟姐妹支持团体的家庭,其中也有些处在远离福利工作人员和其他服务的状态当中。这会固化家庭隔离的感觉,是一种社会排斥,因为每个家庭都各自为政。但这同时也说明,大部分家庭都欢迎更多的专业人员接触。

巴尔(Barr,1999)指出残障儿童家庭是一个残障的家庭。虽然父母尽可能地避免其他孩子有这样的感受,但残障儿童的兄弟姐妹都意识到了这一事实。残障的感受常常在与亲戚、朋友、邻居甚至专业人士的接触过程中负面强化。部分是因为法律要求,专业人员对残障儿童的关注兴趣不得不集中在"有需要的儿童"(children in need)或"特殊需要儿童"(special needs children)(教育的视角)。这种关注的焦点也许意味着其他家庭成员的权利和感受被排除在外。儿童残障涉及整个家庭,会影响家庭功能、家庭成员共事的能力、他人的看法,甚至他们的自我认知。

为了确保每个儿童都可以获得同等的照料和关注,需要建立一种伙伴关系,通过聚会"在促进家长、学校、地方教育局(LEAs)等主体的合作文化中扮演关键角色"(DfES,2001,2.1)。社会、教育、健康方面的专家在日常决定满足儿童哪些方面的需要时,要将父母和儿童的意见纳入其中。另一个残障儿童工作的方法是直接与他们一起工作,给他们提供一个提升能力的环境,正如团体活动中发生的那样。团体工作的角色已经在第八章进行了详细说明。

支持性团体对于那些过去有过自身需要被拒绝经历的兄弟姐妹非常有帮助。实际上,家庭会创造一个这些兄弟姐妹的经历的"神话",因此他们会经历一种儿童忽视,于是专业人员需要更加警觉以确保家庭中所有儿童的需要都得到满足。受访的青少年表示,参加特殊需要儿童团体也给他们提供了更多的支持,但他们的一致性会部分源于热衷密切参与团体活动的热心父母(这与不鼓励父母参与的兄弟姐妹支持团体正好处在相反的两极)。解决之道也许在两者之间:父母的部分参与,但并不为团体的主要目的过分担忧,这些团体是为了青少年自己的。

个人权利的问题涉及选择权,但是当个人被排斥在想要参与的活动之外时,选择是根本不存在的。排斥还会造成无法控制是否经常有选择的无力状态。实务工作者可能会将缺乏选择视为一种风险,所以在提供额外支持时会识别其补偿或减少风险的需要,从而促进个人选择的实现。霍尔兹沃斯(Holdsworth,1991)提出平等对待残障者的理论的主要观点是人有权利作选择。这与《提升人的价值》(*Valuing People*)(DoH,2001b)中明确表述的免受歧视的权利和要积极正向对待每个个体是一致的,其中倡导了学习障碍者的选择和机会。

然而,专业人士有时会认为选择的需要取决于个体的脆弱性(Burke *et al.*,1997),特别是,尽管大部分家庭都会给予关爱的照料,但当残障儿童被当作弱势群体时会有更大的被忽视和虐待的风险(Westcott,1991)。苏里文和克努森(Sullivan and Knutson,2000)开展的一项研究发现,残障儿童遭受虐待的可能性是非残障儿童的3.4倍。如果没有家庭支持、朋友、熟人或专业人员协助,弱势的残障儿童也有更大危险。与残障儿童家庭一起工作时做到平衡是需要技巧的,有时需要平衡选择和保护。

最根本的需要是要为弱势群体增能,也可能是为被孤立的家庭增能。如果感到无力改变,专业人士会因此期待积极介入家庭,启发他们提高社会地位的愿望。这就需要重新掌握一些内部控制,包括个人或整体的代表其权利的必要决断。这种状况下家庭就会体验到连带残障,正如第六章中介绍的残障儿童的兄弟姐妹们的体验一样。

在更广泛的意义上讲,连带残障是污名化的去能(dis-empowerment)体验的表达。正如本书中列举的,从懊悔与残障者一起生活到增加成熟度的积极看法,各种表达证明了其差异性。受限制的社会生活体验包括发现很难全家一起做事,失去和非残障家庭儿童一样的机会,无论是度假、外出还是自由带朋友回家都不用担心歧视、偏见或仅仅是应对不同儿童的不确定性。

通过倾听残障家庭、残障儿童的兄弟姐妹和特殊需要儿童的声音,我发现必须找到一种表达他们自身看法的机制,让他们表达对其需要、打算和愿望的感受。特别是,无论用何种方式,所有儿童都需要有机会为自己代言,阻止任何因家庭环境、背景、种族、文化或经历而导致的弱势。实务工作者应该促成这种表达,这是增能和个人权利原则的根本。

识别差异 (recognising difference)

如本书所述,在我的早期研究中,残障的本质是等同于损伤的。通过诊断的时机和家庭成员的反应,当家庭开始知道损伤时,大部分家庭都会经历一种了解后的轻松,并学习到损伤对他们真正意味着什么。家长们需要认识到在早期诊断阶段,残障儿童的兄弟姐妹起初很少了解家庭的经历,所以对他们而言"差异"并不像对他们父母那样是一个问题。然而,根据残障的社会模式,显然残障儿童的兄弟姐妹体验到了连带残障,因为他们觉察到了很多与朋友们不一样的地方。有特殊需要的儿童和青少年也察觉到了社会情境中真实的差异,残障儿童及其兄弟姐妹都需要在自我表达方面给予支持协助。

需要特别强调的一点是,专业人员应该认识到与没有残障成员的家庭相比,抚养残障儿童的家庭会感受到额外的压力,残障儿童的家长和其兄弟姐妹的共同经历会提升"残障家庭整体"的成熟。在残障儿童家庭中,兄弟姐妹有时会为父母承担照顾责任,母亲通常因为时间原因而无法继续之前的带薪工作。实务工作者应该注意到哥哥或姐姐会更多地意识到他/她们和其残障的弟弟或妹妹间的差异,尤其是期待他们承担照顾责任的情况下,这就凸显了他们在能力和社会地位等方面与其同龄人之间的真实差异。

评 估

搭建社会领域和医学领域之间的桥梁

奥利弗和莎佩(Oliver and Sapey,2006)指责医疗和社会照料这两个对儿童需要有不同理解的领域的专家缺乏合作,专业人员和儿童之间缺乏沟通。因此,要想获得对家庭整体需要的最充分理解,我们就必须搭建医疗领域和社会领域之间的桥梁。

在社会照料领域,专业人员会遵循整合的社会模式和医疗模式,形成以人为本的方法(person-centred approach)来评估服务使用者的需要。这与伯克(Burke,1993)及后续伯克和希诺(Burke and Cigno,2000)的研究结论是一致的。这一工作模式与莎士比亚(Shakespeare,2006)提出的看法类似,莎士比亚认为,理解残障必须既认识到社会体验中的障碍性要素,又意识到个人层面的损伤。这种具体化个人的方法(person-specific approach)是理解残障个体需要的关键。与残障儿童家庭一起工作的现实是,残障儿童被认为是因为一些状况而有损伤的儿童。

目前的研究回顾表明,家庭需要无法快速充分评估,社会工作者如果苟且偷安地让家长和他们的孩子"独自过活"(go it alone)那是有罪过的。这与案主自决和使用者增能的价值观基础相匹配,但也许正是不去介入的一个借口。社会工作在评估中面临风险:判断介入的潜在好处和排斥的缺点哪个更大。然而,实务工作者被告知了残障家庭的不同视角——家庭工作中的儿童照料,以及社会照料中的成年人工作。

儿童照料评估

儿童照料评估是以儿童在家庭内有机会成长和发展为基础的。据杰克逊(Jackson,2000,p.21)的研究显示,儿童照料评估可以通过寻找规划儿童未来健康状况的方法,为家庭提供支持和指导来实现,其中包括必要的短期或长期的离家照料。评估工具可以参考的有《评估框架》(*Framework for Assessment*,DoH,2000a),它给专业人士提供了一个识别儿童发展需要的通用体系。

对这一框架的质疑(Garrett,2003;Houston,2002;Powell,2001)认为它并没有充分代表需要评估的需要。这一框架可能太宽泛了,并没有聚焦在家庭评估之上。当真正需要评估的内容是家庭需要时,每个家庭成员既是单独的又是整体的,这时这一框架采用了的生态学视角就太宽泛了。评估框架的三角测量(triangular representation)可能也不充分(Donald and Jureidini,2004)。正如杰克(Jack,1997)所说,评估需要一个更系统的框架。

社区照顾评估

社区照顾(一旦青少年达到 18 岁,对青少年的影响就会增加)评估会对使用者的需要给予综合的描述,并且找到服务满足这些需要(Griggs,2000)。后者意味着需要不等同于服务,而是先界定需要,再提供服务满足需要。因此,需要的是需要导向的服务(needs-led service),而不是聚焦资源状况可以满足的需要的服务导向方式(service-led approach)。

各种类型的评估模式试图中肯地追问评估的目的是什么。特雷维希克(Trevithick,2000,p.61)认为评估会从三个方面让服务使用者受益：

1. 通过提供支持和帮助防止生活质量下降。

2. 依据使用者的需要进行微调。

3. 必要时进行更剧烈的、对个体使用者有支持作用的改变。

特罗特（Trotter，1999，p.116）和特雷维希克（Trevithick）同样认为，评估的目的有时不同于上面1和2两点所述。当服务使用者对继续生命历程表示抗拒，缺乏对未来的希望，那就需要引入更为剧烈的变化。如伯克（Burke，1998，p.103；2004，p.30）所说，改变的程度取决于服务使用者承担个人责任的能力。**内部控制核心**（*internal locus of control*）相信人有能力承担责任，比依靠他人作决定的外控更可取。因为拒绝承认与残障儿童一起生活的经历也是一种固有的保护机制，就要激发家庭中的增能意识。当改变已有的勉强接受的模式时，这种改变就应该是剧烈的。这意味着，在家庭视角下探讨社区照顾的意义可能会在进行需要评估的过程中，将关注点转移回家庭内部。

实务含义

在实务工作中，作决定的能力显然与决定的顺序有关。例如，保护性的父母可能不会作出让残障儿童进入独立生活安排的决定。但是，他们可以接受一个临时的保姆或短期照顾服务以便让他们从照顾责任中获得短暂的放松。这意味着作为成年人提供的家庭儿童照料模式评估，使用社区照顾时，满足需要也许要通过提供资源为本的解决方案来弥补不足，这就转变了家庭需要评估的焦点，将残障儿童视作有自身需要的，正在成长的成年人就要被纳入评估过程。这样的观点可以让保护性的父母看到正如他们自己一样，残障儿童有权利拥有自己的生活。

控制的核心（**Locus of control**）

社会照料专业人员会察觉到控制的核心，因为他们需要掌握一些东西以便保留一些责任。例如，启动保姆服务是实现短期喘息照料的一个步骤。一旦照顾者接受了短期喘息照料，就会因此增能，接受照顾的过程会增加他们（指照顾者，通常是父母）的内控，从而让他们开始找回自己的个性。这也可能与残障儿童成长为青少年或刚成年是一致的。当儿童长大成年时，这一结果会给他们的父母带来更大的独立性，从依赖到独立的转变是潜移默化实现的。我的研究显示，对残障子女担心的家庭也许会发现因为内疚和只有他们才能提供需要的照料的观点，让他们很难接受喘息照料这样的考虑。专业人士应该站在家庭的立场上，与这些父母商讨并提供必要的服务，来缓解这样的压力。

家庭的脆弱性

受访的家庭对外部支持（来自专业人士的支持或社区内的支持）的反应各异。有些家庭好像完全没有得到任何形式的专业支持。这些家庭中，父母不承认兄弟姐妹的照料角色，不情愿接受专业支持。因为处在隔离状态，这些家庭似乎最脆弱，确实需要专业支持的协助。不愿寻求帮助或许是家庭自尊的一种形式，或许是对专业人员能否提供支持的一种怀疑。当认同专业人士是来提供帮助的，这些家长的反应可能是缘于暴露家庭困境时的某种不确定性。暴露困境可能会意味着承认家庭无法应对，维持现有处境是为了保持所有都很好、不需要任何帮助的幻象。在我看来，这种状况下，家庭的需要最大。

兄弟姐妹

残障儿童的兄弟姐妹和其他家庭成员的需要应该给予同等的考虑。专业工作人员必须确保家庭商讨和服务供给中包括了残障儿童的兄弟姐妹。比如说：兄弟姐妹支持团体成员就是一种服务供给。为残障儿童的兄弟姐妹提供的服务应该有一些补偿性的活动,同时让他们有机会与他人交谈。对兄弟姐妹支持性团体研究表明,只要给这些残障儿童的兄弟姐妹们提供一个可以讨论和分享感受的场所,他们就开始了自我帮助。但是,并不是所有的儿童都愿意成为这些支持性团体的成员,"权利"让他们保持自己的选择。

通用评估框架(DfES,2006a)

通用评估框架体现了对儿童和青少年需要的整合与聚焦,其目的是提供一个标准化的方法评估儿童的需要,并决定如何满足这些需要。这一点与伯克(Burke,1993,p.169)提倡的多机构合作关系(multi-agency partnership)相呼应,体现了照顾者和专业人员形成亲密合作的伙伴关系的需要。发展出满足需要的服务的标准必然要有这样的联合。显然,早期干预是必要的,在满足需要的过程中,综合家庭评估(integrated family assessment)是至关重要的。

评估过程更为具体地呈现了服务使用者的需要,并在家庭和专业人士共同参与中找到满足这些需要的方法。然而,贝尔和威尔逊(Bell and Wilson,2003)提出,一个人根据儿童的需要开展评估时,必须直接与儿童一起工作包括五个方面。它们是:亲眼见到儿童、观察、与儿童约定、倾听且与儿童一起交谈、开展共同的活动。维多利亚·克里比(Victoria Climbié)的案例(Laming,2003)中,实务工作的失误在于错过了亲眼看到儿童的机会,没有与残障儿童在一起,遗落了兄弟姐妹的观点。因为没有儿童的参与,充分而客观的评估是不可能实现的。

评估的过程模型

如果依据更为宽泛的家庭评估执行重点工作方案,与儿童一起工作就可以成为评估的结果。但是,对特殊需要儿童的评估意味着"预估处在最初的阶段"(DoH,2000a,p.29),没有包括判断为什么需要评估的过程。因为转介体现了干预的必要性,所以评估的最初阶段是从转介这一点开始的。不明确了解必要性的评估就好像不知道为什么要做的手术。评估应该沿着转介机构诊断的初始需要展开,这个初始需要是可以改变的,但它却是所有介入和进一步评估的起点。初始需要提供了一些关于儿童或家庭、或者儿童和家庭所面临的困境的见解。

在我的评估架构中,过程模式始于寻求帮助的请求,转介的时间点,是遵循那些用某种方式与服务使用者一起行动的实务工作者的最初看法的。它包括了与服务使用者和专业人士联络、讨论问题的本质(预估)的过程。下一步是制订应对困难的计划,在各利益相关方认可的基础上执行计划方案。最后,通过评估和干预成功与否来判断结果如何。评估的这个过程模式可以用缩写词 RECIPE 来概括,即转介(Referral)、约定(Engagement)、联络(Contact with the user)、初步计划(Initial Plan)和评估(Evaluation)。这一模式后来扩展至 ASPIRE 模式(预估(Assessemnt)、计划(Planning)、干预(Interventions)、检讨(Review)和评估(Evaluation)),这一模式跟评估框架一样,似乎忽略了转介的重要性。从一开始就把转介阶段囊括进来,识别干预的初始要求是任何一个干预的起点。

《教育与技能部指南》(*Guidance from the Department for Education and Skills*,DfES,2003)指出对需要的初步预估涉及给家庭提供支持的多机构间的合作,更新信息并告知家庭、提升专业人士的知识与技能,以及检讨和发展机构间的伙伴关系。这与伯克和希诺(Burke and Cigno,1996,2000)提出的看法基本一致。

工作重点

牵头的专业工作人员的理念并不是特别革命式的,而是涉及满足残障儿童家庭需要的复杂服务的提供。在格里菲斯(Griffiths,1988)提出了给牵头的专业工作人员的建议以后,伯克和希诺(Burke and Cigno,1996,p.37)的研究和《1990 年国民医疗服务和社区照顾法案》(*NHS and Community Care Act 1990*)中都讨论了需要导向的服务(needs-led services)。**通用评估框架**(DfES,2006a and b)将主要专业人员视为必要的部分,也意味着重点协调任务应该取决于一名工作人员。虽然《每个儿童都重要》绿皮书(the Green Paper, *Every Child Matters*)明确提出了提供信息、协助获得服务、协助倡导时的单一联系的原则,但帮助也并不是总可以成功。牵头的专业工作人员的持续报告对其与服务使用者的关系、服务使用者未满足的需要和更多的家庭幸福感都有积极影响。

其实,伯克和希诺(Burke and Cigno,1996,p.37)对给家庭提供直接帮助提出了一系列工作重点:

- 协助发展家庭的非正式朋友网络和当地资源;
- 做好减少家庭压力和紧张的预防工作;
- 开展服务传递工作,让家庭获得具体服务;
- 提供协调服务,以避免支持的破碎和空白;
- 以增能的方式使得家庭获得对自身要求的控制。

然而,我认为这个模式并不是要求必须按照上述步骤提供服务,而是从开始执行家庭计划时就考虑所有可能性的全面支持方法。本质上,这是牵头的专业工作人员服务应该提供的内容。

这个讨论中最重要的主题是由牵头的专业工作人员或主要专业人士协调机构资源而进行服务提供的需要。因此,我将要基于我的研究重新检视服务的需要。

服务需要

我此前提到的专业实务框架(DoH,2000a)是以对家庭尤其是儿童的需要的认知为基础的。就兄弟姐妹而言,这一框架也在将需要理解为家庭整体的反映方面有一些局限。因此我的发现在实务方面有一些共同的结论,在评估中专业人员很有可能忽略了对家庭成员包括残障儿童及其兄弟姐妹的足够关注。

依据残障儿童家庭需要,评估框架在广阔的概念基础(家庭和环境因素的范围)和有需要的儿童个体这一中心聚焦点(事实上将兄弟姐妹排除在外)方面存在缺陷。这会导致完成任务过程中的竞争性压力,这些任务可能与家庭需要并不必然相关。残障儿童家庭评估的聚焦点要将家庭看作一个整体,这才是家庭评估的根本。

家庭实务工作者应该有如下了解:

• 残障儿童的主要照顾者大部分是女性照顾者,她们因此而错失了"其他"工作机会。

• 将近四分之三的家庭都声称发现安排全家一起出门郊游是很困难的,不得不分开进行。

• 残障并不是全部在婴儿阶段确诊,对一些家庭而言诊断的需要是面临的最大问题。诊断对残障儿童的兄弟姐妹影响并不大,他们认识的是他们的兄弟或姐妹这个人,而不是其病情。

• 超过70%的家庭对残障儿童持正向态度,这表明很多家庭关系因此而更加紧密。

• 家长们报告称超过40%的残障儿童需要24小时照顾。家长们用相当多的时间亲自参与照顾任务。

• 服务提供与专业介入有关。如果没有专业介入家庭会很无助。

• 联系不到专业人士的家庭没有获取可及资源的知识。

服务的提供是多样的,要避免那些无用的服务。这就提出了一个问题:服务使用者是否被贴上了污名化的标签?显然是这样的,避免污名化是可以理解的,但是家庭的代价是错失了支持,这只会增加家长照顾残障儿童时的压力和困难,让他们无法在无助时求助。这就需要专注而敏感的专业人员在提供帮助和支持时,不让家庭感到被恩赐或者需要对享受到的"一揽子照顾"(packages of care)给予额外的称赞。毕竟,所有这些仅代表了一个家庭有权利获得的东西。

显然,残障儿童及其兄弟姐妹和家长都应该在寻求专业帮助中发声。当家长采取了排斥的方法时,就表达了"我们可以继续"的意思,他们并没有意识到残障孩子或其他非残障孩子的需要。显然,家长的观点也许没有准确地反映残障儿童兄弟姐妹的照顾角色,因此,当残障儿童兄弟姐妹的贡献没能得到家庭的认可时,他们是很容易受伤的。

家长们应该跟他们的非残障孩子公开讨论家庭状况。专业人士也应该意识到这一点。如果不干预家长和兄弟姐妹也许会无意识地扩大家庭的分歧,不只是家庭和专业人员之间的分歧,也包括家庭内部的分歧。在这种状况下,专业人员应该注意区分残障儿童家长和家庭中的青少年的观点。本研究发现只有与青少年交谈才能实现这一点。将青少年的观点纳入其中是全部评估必需的,才是对提供需要的服务有帮助的。

结　　论

残障儿童及其家庭的正面观点表达通常会平衡负面观点。当家庭被统一战线强化时会有很多正向思维,更有意识考虑他人,兄弟姐妹会对他们的父母和残障兄弟或姐妹的需要更加敏感。其实,残障儿童要表达自身的愿望,表达方式并不必须是言语的或更传统的方式,但通常需要采用可以足够表明同意或不愉快的方式。然而,正向的观点会受到过度的照顾责任和家庭很少有机会得以短暂休息等因素的削弱。这些合成压力对整个家庭产生影响。

本书中列举的案例对家庭如何持续调节与残障儿童一起生活的方

式给出了建议。这些案例发展出了一些反应性策略使得他们可以参加社会活动,实现与残障者一起生活的日常体验的互相协调。如我所示,连带残障是一种真实的体验,它涉及他人对待与残障者共同生活者的方式,也体现了残障儿童家庭必须有特殊服务的原因。评估、支持团体、服务供给等方式构成的帮助过程也有所论述,这所有的过程要想起作用都离不开家庭和青少年的合作。但是,取得任何进展都要对需要有足够的认识。作为一种社会建构,以人为本的残障及连带残障模式,将家庭中的个体和家庭视为一个有社会照顾需要的社会单位,有助于这一过程的实现。大多数弱势家庭的被排斥体验需要通过知识、培训和专业理解等方式来根除。最终,这应该是一件需要所有当事人一起付出更多努力的事情。

实务要点

什么是评估?

决定服务使用者对支持性服务的需要状况的过程称之为评估。评估通常包含了基于家庭经历及其所表达的要求,对服务使用者需要的服务性质的磋商和讨论。家庭期待的服务与可以提供的服务之间可能存在潜在的冲突,当有不同意见时,服务使用者会感到有一些不满意。因为服务资源不足而造成需要无法满足时应该告知服务使用者,并要尽力满足使用者要求的服务提供,否则就不得不在为残障儿童提供服务的约束条件上妥协,其中蕴含了给所有相关人员带来的不必要的压力。

照顾是否会导致一定程度的社会排斥?

当服务使用者不寻求支持性服务时,照顾任务可能会引起一定程度的社会隔离。不寻求服务并不等于不需要服务。不寻求服务也许是因为他们不了解,或者不确定工作人员在服务提供过程中的支持角色。这意味着如果不要求服务,那么需要评估就不必要。服务的可及性需要得到充分的证明,因为最孤立的服务使用者往往要求最少。因此,专业人员应该采用积极介入方式(proactive intervention style)去帮助这些家庭。可以认为社会照顾提供者的积极角色在消除不公平和社会排斥的体验中是必要的,否则不公平和社会排斥就可能会发生。

残障儿童是否将会实现独立?

调节照顾残障儿童带来的影响必然要首先接受残障的事实,但接受残障也许会带来这样一种印象,那就是照顾必须成为一生的承诺。尽管有一些残障者需要个人照顾的帮助,事实上许多残障者可以达到一定程度的自给自足,或者接近这种状态。然而,一个父母如果作了无意识的或明确的承诺,终生承担照顾责任,可能会发现很难放手,也许当儿童接近成年时应该有机会体验一定程度的独立。从依赖向独立的转变对所有相关的人都很困难,但永远不能被视为不可能而放弃。如果父母不再能够自己承担照顾责任,他们不应该感到内疚。简言之,残障儿童成年后有权利过更独立的生活,大部分家长都应该得到鼓励,在不附带内疚感或无法胜任的感觉下,思考他们自身及孩子的需要。现实是父母的社会交往可以最终增强社会关系,超越上述照顾任务带来的压力。

研究过程

附录一主要概述正文中提到的四个研究所采用的研究方法。这些研究关注家庭支持的需要、残障儿童的兄弟姐妹的需要、学习障碍儿童的需要。四项研究同时采用了定性的评述和问卷调查资料,从与残障者一起生活的视角,探讨家庭成员如何理解他们的生活。总体而言,这些研究为本书汇报和检视的研究发现奠定了基础。

研　　究

调查研究间的关系如图 A.1 所示,该图说明分别从家庭成员、家长、残障儿童及其兄弟姐妹等角度开展研究的各自优势。第一个研究是关于家庭支持需要的。第二个和第三个研究是不同阶段的比较研究,关注残障儿童及其兄弟姐妹间的关系。第四个研究聚焦参加特殊需要青少年团体者的体验。所有四个研究的共同点在于将家庭作为核心身份,以及残障不仅是残障儿童的、也是所有家庭成员的这一观念。

这四个研究将儿童诊断是否残障或有特殊需要视为家庭生活的一个重要事件,特别是考虑到残障的社会影响,这件事需要更多的理解。残障自身代表了一个广泛的需要区间和关于"家庭中的残障"的个人观念。参与研究的家庭有儿子或者女儿被医学诊断为残障,归为儿童的一种状态,这一状态对儿童的教育、社会和未来体验都有重要意义。图 A.1 反映了探索各种不同家庭体验的研究领域,包括了父母的看法、残障儿童的看法,以及其兄弟姐妹的观点。

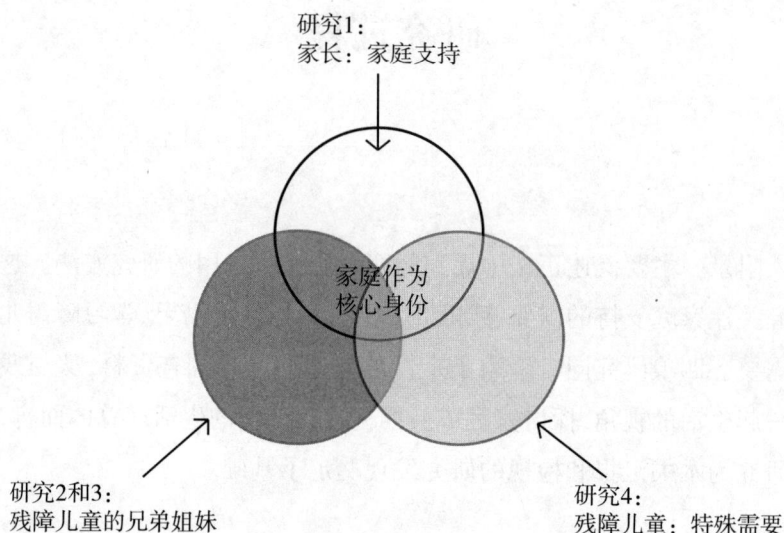

研究1:
家长:家庭支持

家庭作为
核心身份

研究2和3:
残障儿童的兄弟姐妹

研究4:
残障儿童:特殊需要

图 A.1 影响研究策略的家庭互动模式

    各个研究的具体研究方法介绍可以在正文中提到的研究报告原文中找到。附录一会检视这些方法。尽管研究采用了整体分析的方法,但并没有完全包括所有与残障相关的事项。例如:这些研究并未涉及理解家庭照顾中是如何对成年残障者给予协助(或不给予协助)的,或者另一个例子是,研究也不涉及不断发展的性特征是如何影响残障青少年的选择的[①]。图 A.1 所示的模式表明研究聚焦在家庭成员、父母、孩子和兄弟姐妹上,这并不影响研究使用的问卷(结构构成下文讨论)是由残障特征、服务供给和对家庭的更多影响等主题构成。从这个意

————————————

① 第一章中提到的阿什丽的特例提出这个问题,但在那个情境下,谁决定了给她做手术,是出于什么目的。

义上讲,每个研究虽然有不同主题,但都认为家庭是重要的。

一些研究局限

残障和损伤这两个概念的界定需要追溯到医学诊断及其影响的特别说明等相关研究,因此在本文中并不作讨论。这么说的本意并不是要讨论残障的特征或类型,而是指并没有给出残障的具体分类,这样做是因为本研究要讨论作为家庭关注点的残障的、更普遍的社会认知。因此,残障被当作一种社会建构,来帮助我们理解家庭是如何回应(和如何被别人回应)那些与残障儿童一起生活的经历的,其中包括处在残障标签中的儿童的感受和反应。但是,要想理解残障的特征,需要拿出一些群体比较的诊断要素,尤其是在一定程度的概括对于总结研究发现很有帮助的时候。

研究的偏差可能是因为开展研究的地区特征造成的。同时,被调查者的数量也无法跟全国调查或者地区全体人口调查相比较。这并不是削弱这些研究,而是说明这些家庭和青少年的话语、感受、想法和体验是至关重要的,因为他们是残障儿童家庭中的典型,研究记录了这个群体具有代表性的意见代替更多的定量资料。

调查总体基础

四个调查的样本来自不同的地区,其中大部分来自英国东北部。

• 第一组包括一个特殊学校的总人口和一个设有特教部的综合学校的样本人口。

• 第二组是一个来自英国东北部的样本人口。在对应方面,主要代表了东部的林肯郡。

- 第三组来自赫尔地区的一所特殊需要儿童教育机构。

- 第四组包含参加了名为约克郡团体的儿童中心的所有儿童,以及作为对照的、参加伦敦地区同类团体的少量青少年。

抽样过程考虑了群体的代表性,以及与残障儿童家庭需要相关的设置的代表性。实际上,邓金和林肯(Denzin and Lincoln,1994,p.202)谈到抽样过程时指出,如果研究要对可能发生的事情有代表性,抽样过程就是这些研究方法论的大体反映。

代 表 性

虽然这些研究共同代表了对10年的全面回顾,但对于英国不同地区的代表性问题并没有充分讨论。每个被调查者的数据是基于单独的,没有一个被调查者出现过两次,只有在第二个研究中,伯克和希诺(Burke and Cigno,1996)对部分被调查者作了三年后的追访来研究这些家庭接受调查后的遭遇。这些研究是对家庭经历的一个有效的、普遍的描述,大部分地方未包括纵向分析的内容。然而,鉴于研究的广度,其效果是经过弗利克(Flick,1998,p.230)提出的三角测量的(triangulating),于是研究发现提升了实务工作的深度和范围,也与所采用的研究方法保持一致。

伦理考虑

如果把研究过程看作是简单地提出大量问题并报告结果的话,它看上去是很简单的。遗憾的是,虽然一些非常有用的信息是可以通过提出一系列标准化的问题获取具体观点来收集的,但研究过程远比这个要复杂。实际上社会研究已经发展出专门的研究方法。所有的四个研究都强调了整个家庭对儿童残障的观点,研究过程中必然需要有伦理考虑,其中首要的是获得赫尔大学伦理委员会的许可。

下文所列出的研究方法大纲必须得到一个独立委员会的认可,以确保对家庭和儿童的工作保护了他们的需要,涉及赞同或反对以及提问的过程都有他们的参与。研究报告必须遵守保密原则,对访谈对象的个人信息保密。这一原则也会反过来要求研究者必须是适合开展这项研究的人,有相应的资质和良好的品质。

犯罪记录局(Criminal Records Bureau)核查是确保开展研究的人不会将儿童置于危险境地,即使是作为大学的研究人员,研究者也还需要有社会照顾领域的专业资格。为了保证调查领域在研究性质上的合法性,核查会包括研究者的背景、由英国社会学学会(British Sociological Association)等机构和赫尔大学(Hull University)依据伦理守则出具的研究许可。也就是说,研究要能从社会科学角度积累知识,为所研究的领域提供一些见解。

格林耶(Grinyer,2002)提出,推荐信体现了实地研究参与者的结果,并表明其中不涉及道德判断问题。当跟儿童一起讨论他们的需要、愿望和感受时有进行过伦理考虑(Beresford,1997)。当被访群体有不同程度的"特殊需要"或与残障儿童相关时就更是如此。马林和威尔莫特(Malin and Wilmot,2000)提出要兼顾作决定可能引发的冲突以及"案主自决和案主保护"(p.223)。认识到专业关系可能会处在潜在冲突之中是至关重要的。如果是关乎保护的问题,研究者就会面临遵从保密原则和向专业机构报告之间的冲突。

伦理冲突方面的挑战还表现在其他方面。一个被公认的观点是研究参与者应该是匿名的,但当保护参与者免受他人危害时就会面临问题(参见 Gorard,2002)。这就让研究者感到匿名化并不是必然要保证

147

的。对这些问题的争论也涉及残障儿童和特殊需要儿童，这些儿童一直以来的经历都是别人在兼顾他们的风险和他们的个人自主间作决定，这种经历很有可能持续到他们的成年生活。因此，在处理这些青少年的实务时，认真思考如何兼顾保密原则、个人自主和家长责任是有价值的，尤其是在开展相关研究时。

很幸运研究没有面临这样的冲突。但是，因为所有的研究者都有社会照顾的专业资质，很多时候家庭会明确地向专业人员寻求支持和建议，而不是与研究者保持距离。当所有这些问题出现时，研究者应该将研究对象转介给自己有联络的专业机构。

一旦研究方法得到了认可，研究人员就可以开展对家长和儿童的访谈，此时必须确保这些家长和儿童赞同研究过程。这涉及完成访谈的家庭，根据查兰和卡特克利夫（Ramcharan and Cutcliffe，2001）提出的关注类型问题同意接受访谈者（父母和子女）可以在任何时间退出。这就意味着如果想要访谈一个儿童就必须得到家长和儿童的许可，确保访谈进程中如果访谈中所有相关者，包括研究者，感到压力或者勉强，访谈可以随时结束。

我们的家庭特别关注对残障的诊断，它持续地影响家庭生活。为了保证所有四个研究在设计上的一致，需要遵从系统的研究方法和恰当的研究协议，下文具体进行解释。

整体设计

所有四个研究的整体设计是类似的。但需要指出的是，这些研究是面向不同研究群体的，因此问卷的被调查者不同。依据伯克和希诺（Burke and Cigno，1996）原本的早期研究设计以及伯克和蒙哥马利（Burke and Montgomery，2000，2001）关于兄弟姐妹的研究，四个研究采用了类似的调查问卷。只有第三个关于兄弟姐妹的研究没有进行预调查，因为它复制了研究二的主要阶段。该研究整体设计有一个基本覆盖示意图如图 A.2 所示，它是对伯克(Burke，2004，p.36)的研究设计的简化。

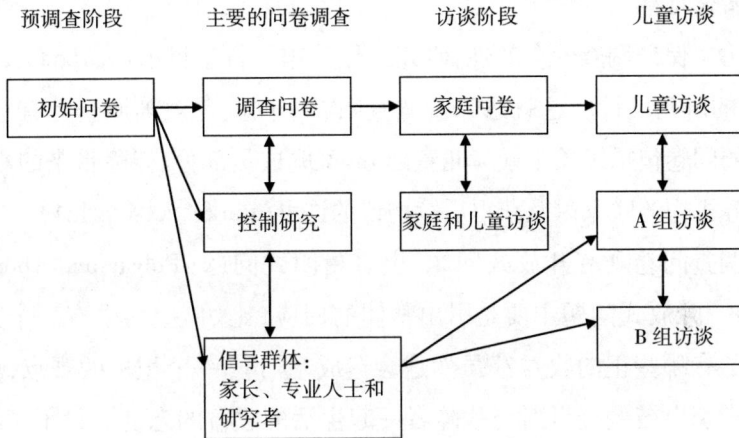

图 A.2　整体研究设计

研究阶段

每一个项目开展都包括四个阶段：预调查(除了研究三)、家庭完成问卷为基础的主要问卷调查阶段、对家长进行访谈的第三阶段、在家或团体所在地对儿童进行访谈的第四阶段。

第一个研究没有办法在团体所在地对青少年进行访谈，它并没有被纳入最初的研究设计。随后的研究听从由家长和专业社会照顾工作者组成的咨询团体的建议，对这个遗漏进行了补救(见图 A.2)。对青少年的访谈在两个团体所在地进行：第一个是残障儿童兄弟姐妹团体(第二项和第三项关于兄弟姐妹的研究)，第二个是特殊需要团体(第四项关于特殊需要的研究)。

每个研究的主体阶段都设置了一个没有参加主要群体的控制组，都安排了随后的家庭访谈。关于兄弟姐妹的研究最早在伯克和蒙哥马利(Burke and Montgomery，2003)的报告中发布，此后伯克和费尔(Burke and Fell，2007)又进行后续研究。虽然第一个兄弟姐妹研究曾设了一个小的控制组,但伯克(Burke,2004,p.40)提出后续研究要改善资料状况以提升研究发现的信度。

调查问卷

为了保证调查的有效性,研究工作采用了科尔贝塔(Corbetta,2003,p.82)的研究设计。这就意味着调查问卷中的问题对被调查者有意义。最终的问卷包括了关于残障儿童部分、家庭成员部分、残障带来的影响、与服务机构的联系以及获得后续访谈的许可(Burke,2004,p.131)。

调查问卷既有开放式问题,也有封闭式问题(Polgar and Thomas,1991)。开放式问题主要是引出整体的回应,比如"生活中有一个残障的孩子有哪些正向收益?"虽然这会造成"强迫"一个积极的观点,但却可以辨别出被调查者对与残障者一起生活的收益的态度。封闭式问题限定了固定的选项,这些选项有的是列出了获得的服务,有些是自己判断的,例如残障类型、性别和年龄。自填问卷也被当作对父母进行访谈的基础,访谈可以根据自填问卷核查原有答案,详尽提炼观点。

研究的主要阶段过程中,每个家庭会收到一份自填问卷。其中会有一个问题是询问是否可以进入家庭,更进一步的问题是请求准许对家中的儿童进行访谈(Burke,2004,p.131)。如果没有家长的许可就不能对儿童和青少年作访谈,如果儿童和青少年希望退出,他们也可以在访谈中随时退出。只有一个家庭最初同意接受访谈后来又拒绝参加,最终访谈终止没能有进一步的讨论。

对儿童的访谈遵循了开放式设计(Burke,2004,p.137),由访谈者整体介绍了要讨论的范围。访谈的过程采用了西尔弗曼(Silverman,2000)所说的对社会体验的深度理解过程。这个过程本质上是与伯克(Burke,2005,p.365)的说明类似,内容包括了参与兄弟姐妹团体状况这种问题,比如"参加团体最棒的部分是什么?"这些正向的问题后会紧跟一个负向问题,"参加团体最糟的部分是什么?"这样才能确保使用兼顾的方法,鼓励进一步的解释评论。但是这些访谈都是半结构式的,访谈过程还有赖于研究者作为社工或咨询师的内在技巧。

当跟家庭和儿童作访谈时,访谈者从需要展开,进行"破冰"(Edwards and Talbot,1999)。如第一章所述,抽样时从在种族、性别和残障类型等维度选择差异性儿童,因此了解这些儿童的家庭和环境是理解儿童与他们表达的观点的重要部分。儿童的观点是访谈的重要部分,有助于理解作为社会排斥的一种形式的残障歧视。但是,将儿童纳入研究也存在如上所述的一些特别问题。

研究者作为社会照顾专业人员的状况也表明了使用个案史的方法去记录与被访谈者的互动。这就实现了用定性资料来弥补调查问卷得来的定量资料。

研究人群

表 A.1 列出了四个研究的研究对象,图 A.3 对此进行了图表描述。这些说明了完成问卷的家庭数,这些家庭通常是父母填答问卷,但也有少量问卷是由寄养照顾者完成的。第一个研究中共有 67 个家庭提交了问卷,第二个和第三个研究分别是 56 个和 60 个,研究四则回收了 30 个家庭的问卷,四个研究总共调查了 213 个家庭,代表了 215 个残障儿童(样本中有两个家庭有两名残障儿童)。问卷的回收率(指完成问卷的数量占发放问卷的比例)分别是 70%(67 比 96)、68%(主要研究中 41 比 60)、12%(60 比 499)、100%(30 比 30)。研究三的低回收率是因为问卷是由远离研究基地的机构发放的。尽管如此,研究总体仍然代表了四分之三的地区或群体。

表 A.1　研究对象

	家庭数量	儿童数量
研究一 *	67	67

	家庭数量	儿童数量
研究二	56	177
研究三	60	167
研究四	30	30

* 兄弟姐妹已经被排除在外。

　　有趣的是,研究二主要呈现了参加兄弟姐妹支持团体的被调查者(和一个兄弟姐妹没有参加兄弟姐妹支持团体的控制组),与研究三中那些没有参加兄弟姐妹支持团体的兄弟姐妹相比较,说明兄弟姐妹既代表了那些参加了支持团体者,也代表了那些没有参加的。研究二中大部分兄弟姐妹(73%)参加了支持性团体,与此相比,研究三中类似比例(75%)的兄弟姐妹没有参加支持性团体,从某种意义上说,这个比例是相反的。在研究三中,作为一个复制研究,很有趣的是尽管影响回收率的有很多变量,但是研究二和研究三的发现有高度的类似性。特别是第六章中提到过的,兄弟姐妹在家中的角色和协助家庭的活动有助于提升其自信,这一点在研究四回收的问卷中也得到了证明。

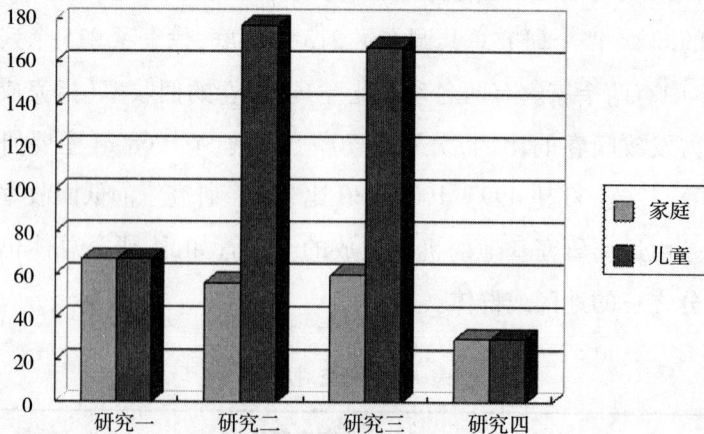

图 A.3　表 A.1 的结果呈现

兄弟姐妹研究

只有研究二和研究三中有关于兄弟姐妹的数据,研究一和研究四删除了这些数据。因此表 A.1 中列出的研究一和研究四的数据只代表了残障儿童数量,而不是家庭中的兄弟姐妹数量。研究二和研究三一共调查了 116 个家庭,344 名儿童(32 岁以下)。共有 118 名残障儿童(2—20 岁),有两个家庭有两名残障儿童。访谈是从每个问卷调查对象中选择了有代表的进行的,包括 37 名在家访谈的,16 个人是在儿童中心进行的团体访谈。兄弟姐妹的性别比在第一研究中大致是两个女生比一个男生(与 2006 年欧洲科学研究理事会的全国预期一致),在第二个研究中为一比一(排除了更大的兄弟姐妹家庭)。通过研究一可以推测女孩更经常承担照顾角色,但研究二中就看不到明显的性别差异。

结 论

本身收集了大量的资料,并在各章中进行了分析。研究一到研究三都采用了 SPSS 进行资料分析,研究四的评估研究则使用了人工资料提取。每个访谈被写成了个案报告,重点关注照顾者,通常是父母、有特殊需要的残障儿童及其兄弟姐妹所表达的观点。这样做的意图是在书中呈现家庭的声音,表达他们的需要、服务传递和社会活动的经历。

参考文献

Abercrombie, N., Hill, S. and Turner, B. S. (2000) *The Penguin Dictionary of Sociology* , 4th edn. London: Penguin.

Adams, R. (1996) *Social Work and Empowerment* . London: Macmillan.

Aldridge, J. and Becker, S. (1994) *A Friend Indeed: The Case for Befriending Young Carers* . Loughborough: Young Carers Research Group, Loughborough University.

Atkinson, R. L., Atkinson, R. C., Smith, E. E., Bem, D. J. and Hilgard, E. R. (1990) *Introduction to Psychology* , 10th edn. Orlando, FL: Harcourt Brace Jovanovich.

Ayres, C. (2007) ' Parents defend decision to keep girl a child.' *Times Online* . www. timesonline. co. uk/tol/news/article1289216. ece (accessed 16 November 2007) .

Baldwin, S. and Carlisle, J. (1994) *Social Support for Disabled Children and their Families: A Review of the Literature* . Edinburgh: HMSO.

Balter, L. and Tamis−LeMonda, C. (2003) *Child Psychology* . East Sussex: Psychology Press.

Banks, J. A. (1991) *Teaching Strategies for Ethnic Studies* . Needham Heights, MA: Allyn & Bacon.

Barnes, C. and Mercer, G. (2003) *Disability* . Cambridge: Polity Press.

Barr, H. (1999) ' Genetic counselling: a consideration for the potential and key obstacles to assisting parents adapting to a child with learning disabilities.' *British Journal of Learning Disabilities 17*, 30-36.

Baxter, C., Cummins, R. A. and Yiolitis, L. (2000) ' Parental stress attributed to family members with and without disability: a longitudinal study.' *Journal of Intellectual & Developmental Disability 25*, 2, 105-118.

BBC News (2007a) ' Q&A: special educational needs.' http://news.bbc.co.uk/1/hi/education/6241691.stm (accessed 16 November 2007).

BBC News (2007b) ' Autism"more common than thought".' http://news.bbc.co.uk/1/hi/health/5174144.stm (accessed January 2007).

BBC News, Education (2007a) ' Behaviour problems strain schools'. http://news.bbc.co.uk1/hi/education/3734370.stm (accessed January 2007).

BBC News, Education (2007b) ' Special education policy " a disaster".' http://news.bbc.co.uk/1/hi/education/3630387.stm (accessed January 2007).

Bednar, R. L. and Kaul, T. J. (1994) ' Experimental group research: can the cannon fire?' In A. E. Bergin and S. L. Garfield (eds) *Handbook of Psychotherapy and Behaviour Change*. New York, NY: Wiley.

Bell, M. and Wilson, K. (eds) (2003) *The Practitioner's Guide to Working with Families*. Basingstoke: Palgrave.

Beresford, B. (1994) ' Support from services.' In B. Beresford, *Positively Parents: Caring for a Severely Disabled Child*. HMSO: London.

Beresford, B. (1995) *Expert Opinions: A National Survey of Parents Caring for a Severely Disabled Child*. Bristol: Policy Press.

Beresford, B. (1997) *Personal Accounts: Involving Disabled Children in Research*. The Stationery Office, Norwich: Social Policy Research Unit.

Beresford, B. (2003) ' The community equipment needs of disabled children and their families.' In *Research Works*, 2003-1. University of York, York: Social Policy Research Unit.

Beresford, B., Sloper, P., Baldwin, S. and Newman, T. (1996) *What Works in*

Services for Families with a Disabled Child .Ilford: Barnardo's.

Blackard, M. K. and Barsch, E. T. (1982) 'Parents' and professionals' perceptions of the handicapped child's impact on the family.' *Journal of the Association of the Severely Handicapped* 7, 2, 62−72.

Bone, M.and Meltzer, H.(1989) *The Prevalence of Disability Among Children* . London: Office of Population Censuses and Surveys.

Bowlby, J.(1951) *Maternal Care and Mental Health* .Geneva: WHO.

Britton, C. (2001) *Telling It How It Is: Researching the Family's Perspective−What Is It Really Like for Families Managing their Child's Serious Condition at Home?* Birmingham: Handsel Trust.

Burke, P.(1991) 'Best of Both Worlds.' *Social Work Today 22*, 39, 18−9.

Burke, P.(1993) 'Oppressive and child disability.' In G.Bradley and K.Wilson (eds) *The State, the Family, and the Child* .Hull: Department of Social Policy and Professional Studies, University of Hull.

Burke, P.(1998) 'Children with severe learning disabilities.' In K.Cigno and D.Bourn(eds) *Cognitive−Behavioural Social Work Practice* .Aldershot: Arena.

Burke, P.(1999) 'Social service staff: risks they face and their dangerousness to others.' In P.Parsloe(ed) *Risk Assessment in Social Care and Social Work* , pp. 107−118.London: Jessica Kingsley Publishers.

Burke, P.(2004) *Brothers and Sisters of Disabled Children* .London: Jessica Kingsley Publishers.

Burke, P.(2005) 'Listening to young people with special needs: the influence of group activities.' *Journal of Intellectual Disabilities 9*, 4, 359−376.

Burke, P.(2007) 'Disadvantage and stigma: a theoretical framework for associated conditions.' In P.Burke and J.Parker(eds) *Social Work and Disadvantage: Addressing Issues of Stigma through Association* .London: Jessica Kingsley Publishers.

Burke, P. and Cigno, K. (1995) *Children with Learning Disabilities and the Need for Family Support Networks* .Hull: The Children's Research Fund and Hull

University.

Burke, P. and Cigno, K. (1996) *Support for Families: Helping Children with Learning Disabilities* .Aldershot: Ashgate.

Burke, P. and Cigno, K. (2000) *Learning Disabilities in Children* . Oxford: Blackwell Science.

Burke, P, and Cigno, K. (2001) ' Communicating with children with learning disabilities: recognising the need for inclusive practices.' *Journal of Child Centred Practice 6* , 2, 115–126.

Burke, P.and Fell, B. (2007) ' Childhood disabilities and disadvantage: family experiences.' In P. Burke and J. Parker (eds) *Social Work and Disadvantage: Addressing Issues of Stigma through Association* .London: Jessica Kingsley Publishers.

Burke, P.and Montgomery, S. (2000) ' Siblings of children with disabilities: a pilot study.' *Journal of Learning Disability 4* , 3, 227–236.

Burke, P.and Montgomery, S. (2001) ' Brothers and sisters: supporting the siblings of children with disabilities.' *Practice, Journal of the British Association of Social Workers 13* , 1, 25–34.

Burke, P. and Montgomery, S. (2003) *Finding a Voice* . Birmingham: Ventura Press.

Burke, P. and Parker, J. (2007) *Social Work and Disadvantage: Addressing Issues of Stigma through Association* .London: Jessica Kingsley Publishers.

Burke, P., Manthorpe, J.and Cigno, K. (1997) ' Relocating prevention in practice.' *Journal of Learning Disabilities for Nursing, Health and Social Care 1* , 4, 176–80.

Carpenter, B.and Herbert, E. (1997) ' Fathers: are we meeting their needs?' In B.Carpenter(ed) *Families in Context: Emerging Trends in Family Support and Early Intervention* .London: David Fulton.

Chamba, R., Ahmad, W., Hirst, M., Lawton, D.and Beresford, B. (1999) *On the Edge: Minority Ethnic Families Caring for a Severely Disabled Child.* York: Joseph

Rowntree Foundation Policy Press.

Cigno, K.with Burke, P.(1997) ' Single mothers of children with learning disabilities: an undervalued group.' *Journal of Interprofessional Care* 11, 2, 177−186.

Clarke, H.(2006) *Preventing Social Exclusion of Children and Their Families.* Birmingham: Department of Education and Skills, University of Birmingham.

Cleave, G.(2000) ' The Human Rights Act 1998: how will it affect child law in England and Wales?' *Child Abuse Review* 9, 394−402.

Connors, C. and Stalker, K. (2003) *The Views and Experiences of Disabled Children and their Siblings: A Positive Outlook* .London: Jessica Kingsley Publishers.

Corbetta, P.(2003) *Social Research* .London: Sage Publications.

Corey, G.(2004) *Theory and Practice of Group Counselling* , 6th edn.Belmont: Thomson Brooks Cole.

Craft, A.and Brown, H.(1994) ' Personal relationships and sexuality: the staff role.' In A. Craft (ed) *Practice Issues in Sexuality and Learning Disabilities* . London: Routledge.

Cross, S.B., Kaye, E.and Ratnofsky, A.C.(1993) *A Report on the Maltreatment of Children With Disabilities* .Washington, DC: National Center for Child Abuse and Neglect.

Crow, L.(1996) ' Including all of our lives.' In J.Morris(ed) *Encounters with Strangers: Feminism and Disability* .London: The Women' s Press.

Dale, B.(1995) ' Creating answers.' In D.Meyer(ed) *Uncommon Fathers: Reflections on Raising a Child with a Disability* .Bethesda, MD: Woodbine House Inc.

Dalley, G. (1993) ' Familist ideology and possessive individualism.' In A. Beatie, M.Gott, L.Jones, and M.Sidell(eds) *Health and Wellbeing* .London: Macmillan.

Daniel, B., Wassell, S. and Gilligan, R. (1999) *Child Development for Child Care and Protection Workers* .London: Jessica Kingsley Publishers.

Denzin, N.K.(1992) ' Whose corner is it anyway?' *Journal of Ethnography 22*, 1, 120-135.

Denzin, N.K.and Lincoln, Y.S.(1994) *Handbook of Qualitative Research* .London: Sage.

DfES(Department for Education and Skills) (2001) *The Code of Practice on the Identification and Assessment of Special Educational Needs* .London: The Stationery Office.

DfES(Department for Education and Skills) (2003) *Together from the Start: Practical Guidance for Professionals Working with Disabled Children(Birth to Third Birthday) and Their Families* . www. everychildmatters. gov. uk/_ files/ 854DD6EB3299A0082A381D3284673C0 4.pdf(accessed January 2007) .

DfES(Department for Education and Skills) (2006a) *The Common Assessment Framework for Children and Young People: Every Child Matters* .www.everychild-matters.gov.uk/deliveringservices/caf(accessed January 2007) .

DfES(Department for Education and Skills) (2006b) *The Common Assessment Framework for Children and Young People: Practitioners' Guide.Integrated Working to Improve Outcomes for Children and Young People* .www.everychildmatters. gov. uk/_files/F71B9C32893 BE5D30342A28 96043C234.pdf(accessed April 2007) .

Dies, R.R.(1992) ' The future of group therapy.' *Psychotherapy 29*, 1, 58-64.

Dobson, B.and Middleton, S.(1998) *Paying to Care: the Cost of Childhood Disability* .York: Joseph Rowntree Foundation.

DoH(Department of Health) (1998) *Modernising Social Services* .London: The Stationery Office.

DoH(Department of Health) (2000a) *Framework for the Assessment of Children in Need and their Families* .London: The Stationery Office.

DoH(Department of Health) (2000b) *A Quality Strategy for Social Care* .London: HMSO.

DoH(Department of Health) (2001a) *Planning with People: Towards a Person*

159

Centred Approach— Guidance for the Implementation Group .London: HMSO.

DoH(Department of Health) (2001b) *Valuing People: A New Strategy for Learning Disability for the 21st Century* .London: The Stationery Office.

DoH(Department of Health) (2002) *Planning with people: Accessible Guide.* www. publications. doh. gov. uk/learningdisabilities/planning/htm (accessed December 2007) .

DoH(Department of Health) (2004a) *National Service Framework for Children, Young People and Maternity Services: Disabled Children and Young People and Those with Complex Health Needs* .London: The Stationery Office.

DoH (Department of Health) (2004b) *Valuing People: Moving Forward Together* .London: The Stationery Office.

DoH(Department of Health) (2007) *Social Care* .www.dh.gov.uk/en/Policya-ndguidance/Social Care/index/htm(accessed January 2007) .

DWP(Department of Works and Pensions) (2006) ' Updated estimate of the numbers of disabled people including people with limiting longstanding illnesses, and their associated spending power.' www. dwp. gov. uk/mediacentre/ pressreleases/2006/feb/drc-015090206.asp(accessed January 2007) .

Donald, T.and Jureidini, J.(2004) ' Parenting capacity.' *Child Abuse Review* *13*,5-17.

Dowling, M.(2000) *Young Children's Personal, Social and Emotional Development* .London: Sage.

DPI(1982) *Proceedings of the First World Congress* .Singapore: Disabled People's International.

Dyson, L.(1996) ' The experience of families of children with learning disabilities: parental stress, family functioning and sibling self-concept.' *Journal of Learning Disabilities 2*,9,280-286.

Dyson, L.(1997) ' Fathers and mothers of school age children with developmental disabilities: parental stress, family functioning and social support.' *American*

160

Journal of Mental Retardation 102, 3, 267-279.

Edwards, A.and Talbot, R.(1999) *The Hard-pressed Researcher: A Research Handbook for the Caring Professions* .London: Longman.

Emerson, E. and Hatton, C. (2005) *The Socioeconomic Circumstances of Families Supporting a Child at Risk of Disability in Britain in 2002*.Lancaster University, Lancaster: Institute for Health Research.www.lancs.ac.uk/fass/ihr/publications/ericemerson/secchilddisability.pdf(accessed January 2007) .

ESRC(2006) *Society Today - Disability in the UK* .www.esrcsocietytoday.ac.uk/ESRCInfoCentre/facts/UK/index42.aspx?(accessed January 2007) .

European Development Fund(2002) *Policy Paper: Development Cooperation and Disability* , DOC EDF 02/1.www.edf-feph.org(accessed January 2007) .

Every Child Matters (2003) Green Paper Cm 5860.www.everychildmatters.gov.uk/_ files/EBE7EEAC90382663E0D5BBF24C99A7AC. pdf (accessed January 2007) .

Every Child Matters (2006) *Support for Families of Disabled Children* .www.everychildmatters. gov. uk/socialcare/disabledchildren/support (accessed January 2007) .

Falhberg, V.(1994) *A Child' s Journey Through Placement* .London: BAAF.

Farnfield, S.(1998) ' The rights and wrongs of social work with children and young people.' In J.Cheetham and A.F.Kazi(eds) *The Working of Social Work* . London: Jessica Kingsley Publishers.

Fawcett, B.(2000) *Feminist Perspectives on Disability* .Harlow: Prentice Hall.

Fitton, P.(1994) *Listen to Me: Communicating the Needs of People with Profound Intellectual and Multiple Disabilities* .London: Jessica Kingsley Publishers.

Flick, U.(1998) *An Introduction to Qualitative Research* .London: Sage.

Fonagy, P., Steele, M., Steele, H., Higgitt, A.and Target, M.(1994) ' The theory and practice of resilience.' *Journal of Child Psychology and Psychiatry 35*, 2, 231-257.

Fortin, J.(2003) *Children's Rights and the Developing Law* , 2nd edn.London: Lexis Nexis.

Foucault, M.(1980) in Gordon, C.(ed.) *Michel Foucault: Power/Knowledge: Selected Interviews and Other Writings 1972 - 1977 by Michel Foucault* .Hemel Hempstead: Harvester Wheatsheaf.

Franklin, A. and Sloper, P. (2007) *Participation of Disabled Children and Young People in Decision - making Relating to Social Care* . York: DfES/Social Policy Research Unit.

French, S.(2004) ' "Can you see the rainbow?" Roots of denial.' In J.Swain, V. Finkelstein, S. French and N. Oliver (eds) *Disabling Barriers: Enabling Environments* , 2nd edn.London: Sage/Open University.

Frude, N.(1991) *Understanding Family Problems: A Psychological Approach* . Chichester: Wiley.

Fyson, R.and Simons, K.(2003) ' Strategies for change: making *Valuing People* a reality.' *British Journal of Learning Disabilities 31*, 153-158.

Garrett, P.(2003) ' Swimming with dolphins: the assessment framework, New Labour and new tools for social work with children and families.' *British Journal of Social Work 33*, 441-463.

Gillespie - Sells, K. and Campbell, J. (1991) *Disability Equality Training Guide* .Hertford: CCETSW.

Gillman, M.(2004) ' Diagnosis and assessment in the lives of disabled people: creating potentials/limiting possibilities?' In J.Swain, V.Finkelstein, S.French and N. Oliver (eds) *Disabling Barriers: Enabling Environments* , 2nd edn. London: Sage /Open University.

Goffman, E.(1963) *Stigma: Notes on the Management of Spoiled Identity* .New York: Simon and Schuster.

Goffman, E. (1974) *Frame Analysis: An Essay in the Organisation of Experience* .Penguin: London.

Goodley, D.(2000) *Self-advocacy in the Lives of People with Learning Difficulties* .Buckingham: Open University Press.

Goodley, D.(2005) ' Empowerment, self-advocacy and resilience.' *Journal of Intellectual Disabilities 9*, 4, 333-343.

Gorard, S.(2002) ' Ethics and equity: pursuing the perspective of non-participants.' *Social Research Update 39*, 1-5.

Graham, H.and Power, C.(2004) *Childhood Disadvantage and Adult Health: A Lifecourse Framework* .London: Health Development Agency website www.hda.nhs. uk/evidence(accessed November 2007) .

Griffiths, E.(2002) *Social Work Practice with Disabled Children: The Experience of Five Families* .Norwich: University of East Anglia.

Griffiths, R.(1988) *Community Care: Agenda for Action* .London: HMSO.

Griggs, L.(2000) ' Assessment in community care.' In M.Davies(ed) *Blackwell Encyclopaedia of Social Work* , p.22.Oxford: Blackwell Science.

Grinyer, A.(2002) ' The anonymity of research participants: assumptions, ethics and practicalities.' *Social Research Update 36*, 1-4.

Hartrey, L.and Wells, J.S.G.(2003) *Special Brothers and Sisters: Stories and Tips for Siblings of Children with Special Needs, Disability or Serious Illness* .London: Jessica Kingsley Publishers.

Hendy, N.and Pascall, G. (2001) *Disability and Transition to Adulthood: Achieving Independent Living* .York: Joseph Rowntree Foundation.

Holdsworth, L. (1991) *Empowerment Social Work with Physically Disabled People* .Norwich: Social Work Monographs.

Hopson, B.(1981) ' Transitions, understanding and managing personal change.' In M.Herbert(ed) *Psychology for Social Workers* .London: Macmillan.

Houston, S. (2002) ' Re-thinking a systemic approach to child welfare: a critical response to the framework for the assessment of children in need and their families.' *European Journal of Social Work 5*, 301-312.

Howard, M.(1999) *Enabling Government: Joined - up Policies for a National Disability Strategy* (Fabian Society Discussion Paper 48) .London: Fabian Society.

Hudson, B., Dearey, M.and Glendinning, C.(2005) *A New Vision for Adult Social Care: Scoping Services Users' Views* .University of York, York: Social Policy Research Unit.

Jack, G.(1997) ' An ecological approach to social work with children and families.' *Children and Family Social Work* 2, 109-120.

Jackson, S.(2000) ' Assessment in child care.' In M.Davies(ed) *Blackwell Encyclopaedia of Social Work* .Oxford: Blackwell Science.

Jenkinson, J.C.(1998) ' Parent choice in the education of students with disabilities.' *International Journal of Disability, Development and Education* 45, 189-202.

Jones, C.(1998) ' Early intervention: the eternal triangle.' In C.Robinson and K.Stalker(eds) *Growing Up with Disabilities* .London: Jessica Kingsley Publishers.

Joseph Rowntree Foundation(1999) *Supporting Disabled Children and their Families.* York: JRF.

Katz, S. W. (1975) *Creativity in Social Work.* Philadelphia, PA: Temple University Press.

Knight, A.(1996) *Caring for a Disabled Child.* London: Straightforward Publishing Ltd.

Laming, H.(2003) *The Victoria Climbié Inquiry Report, Cm 5730*.London: The Stationery Office.www.victoria-climbie-inquiry.org.uk(accessed December 2007) .

Lazarus, R.and Foulkman, S.(1984) *Stress, Appraisal, and Coping* .New York: Springer.

Lefcourt, H. M. (1976) *Locus of Control: Current Trends in Theory and Research* .Hillsborough, NJ: Lawrence Erlbaum.

Lewis, A.(1995) *Children' s Understanding of Disability* .London: Routledge.

Malin, N.A.and Wilmot, S.(2000) ' An ethical advisory group in a learning disability service: what they talk about.' *Journal of Learning Disabilities* 4, 3,

217-226.

Mayhew, K. and Munn, C. (1995) ' Siblings of children with special needs.' *Child Care in Practice 2*, 1, 30-38.

McNally, S., Bne-Shlomo, Y. and Newman, S. (1999) ' The effects of respite care on informal carers' well-being: a systematic review.' *Disability and Rehabilitation 21*, 1, 1-14.

McNair, J. and Rusch, R. (1991) ' Parent involvement in transition programs.' *Mental Retardation 29*, 2, 93-101.

Meyer, D. J. and Vadsey, P. F. (1997) *Sibshops: Workshop for Siblings of Children with Special Needs* , 2nd edn.Baltimore, MD: Paul H.Brooks.

Middleton, L. (1999) *Disabled Children: Challenging Social Exclusion* .Oxford: Blackwell Science.

Mirfin-Veitch, B., Bray, A. and Watson, M. (1997) ' "We' re just that sort of family": intergenerational relationships in families including children with disabilities.' *Family Relations 46*, 3, 305-311.

Mitchell, W. and Sloper, P. (2000) *User-friendly Information for Families with Disabled Children: A Guide to Good Practice* .York: Joseph Rowntree Foundation.

Morris, J. (1996) *Accessing Human Rights: Disabled Children and the Children Act* .Barkingside: Barnardo' s.

Morris, J. (1998) *Encounters with Strangers* .London: The Women' s Press.

Morris, J. (1999) ' Disabled children, child protection systems and the Children Act 1989.' *Child Abuse Review 8*, 2, 91-108.

Morris, J. (2001) *That Kind of Life* .London: Scope.

Murray, P. (2000) ' Disabled children, parents and professionals: partnership on whose terms?' *Disability and Society 15*, 4, 683-698.

Myers, R. (1978) *Like Normal People* .New York: McGraw-Hill.

National Statistics(2004) *The Health of Children and Young People* .www.statistics.gov.uk/Children/downloads/disability.pdf(accessed January 2007) .

Naylor, A. and Prescott, P. (2004) ' Invisible children? The need for support groups for siblings of disabled children.' *British Journal of Special Education 31* , 4, 199-206.

Oldman, C. and Beresford, B. (1998) *Homes Unfit for Children: Housing Disabled Children and their Families* .Parsonage Green: Policy Press in association with the Joseph Rowntree Foundation and Community Care Magazine.

Oliver, M.(1990) *The Politics of Disablement* .London: Routledge Kegan Paul.

Oliver, M.(1996) *Understanding Disability: From Theory to Practice* .Basingstoke: Macmillan.

Oliver, M.and Barnes, C.(1998) *Disabled People and Social Policy: From Exclusion to Inclusion* .London: Longman.

Oliver, O.and Sapey, B.(2006) *Social Work with Disabled People* .Hampshire: Palgrave Macmillan.

Östman, M.and Kjellin, L.(2002) ' Psychological factors in relatives of people with mental illness.' *British Journal of Psychiatry 18* , 1, 494-498.

Parker, G.and Olsen, R.(1995)' A sideways glance at young carers' , paper delivered at a conference organised by the Social Services Inspectorate in Leicester, 27 June(reproduced in SSI (1995) *Young Carers: Something to Think About* , Department of Health) .

Payne, S., Horn, S.and Relf, M.(2000) *Loss and Bereavement* .Buckingham: Open University Press.

Penn, H.(2005) *Understanding Early Childhood* .Buckingham: Open University Press.

Phillips, R.(1998)' Disabled children in permanent substitute families.' In C. Robinson and K.Stalker(eds) *Growing Up with Disability: Research Highlights in Social Work 34* .London: Jessica Kingsley Publishers.

Pitkeathley, J.(1995) ' Pushed to the limits.' *Community Care* , 25-31 May, p.2.

Polgar, S.and Thomas, S.J.(1991) *Introduction to Research in the Health Sciences* , 2nd edn.Edinburgh: Churchill Livingstone.

Powell, M.(2001) ' New Labour and the Third Way.' *Critical Social Policy 20*, 39-60.

Powell, T.and Gallagher, P.(1993) *Brothers and Sisters: A Special Part of Exceptional Families* .Baltimore, MD: Brookes.

Powell, T.and Ogle, P.(1995) *Brothers and Sisters: A Special Part of Exceptional Families* .Baltimore, MD: Brookes.

Ramcharan, P. and Cutcliffe, J.(2001) ' Judging the ethics of qualitative research.' *Health and Social Care in the Community 9*, 6, 358-366.

Rapoport, L.(1970) ' Crisis intervention as a mode of brief treatment.' In R.W. Roberts and R.H.Nee(eds) *Theories of Social Casework* .Chicago, IL: University of Chicago Press.

Read, J. (2000) *Disability, the Family and Society: Listening to Mothers* . Buckingham: Open University Press.

Riva, M.T.and Kalodner, C.R.(1997) ' Group research: encouraging a collaboration between practitioner and research.' *Journal for Specialists in Group Work 22*, 4, 266-276.

Russell, P.(1997) ' "Don' t Forget Us".Children with Learning Disabilities and Severe Challenging Behaviour.' Report of a committee set up by the Mental Health Foundation.London: MH.

Rutter, M.(1981) *Maternal Deprivation Reassessed* , 2nd edn.Harmondsworth: Penguin.

Sable, P.(1989) ' Attachment, anxiety and loss of husband.' *American Journal of Orthopsychiatry 59*, 4, 550-556.

Scott, R.A.(1969) *The Making of Blind Men* .New York: Sage.

Scott, G., Campbell, J.and Brown, U.(2002) ' Child care, social exclusion and urban regeneration.' *Critical Social Policy 22*, 4, 226-246.

Seligman, M. (1991) *The Family With a Handicapped Child: Understanding and Treatment* , 2nd edn. New York, NY: Grune & Stratton.

Shakespeare, T.(2006) *Disability Rights and Wrongs* .Oxford: Routledge.

Shakespeare, T.and Watson, N.(2002) ' The social model of disability: an outdated ideology?' *Research in Social Science and Disability 2*, 9-28.

Shakespeare, T., Barnes, C., Priestley, M., Cunninghambirley, S., Davis, J.and Watson, N.(1999) *Life as a Disabled Child: A Qualitative Study of Young People's Experience and Perspectives* .University of Leeds: Disability Research Unit.

Shattock, P. and Whiteley, P. (2005) *The Changing Prevalence of Autism?* Autism Research Unit, University of Sutherland.http: //osiris.sunderland.ac.uk/autism/incidence.htm(accessed October 2006) .

Siegal, B.and Silverstein, S.C.(1994) *What About Me? Growing Up with a Developmentally Disabled Sibling* .New York: Plenum.

Silverman, D.(2000) *Doing Qualitative Research: A Practical Handbook* .London: Sage.

Smith, J.(2002) *Listening, Hearing and Responding: Core Principles for the Involvement of Children and Young People* .Department of Health, 20 June. www.dh. gov. uk/en/Publicationsand statistics/Publications/PublicationsPolicyAndGuidance/DH_4072061, accessed on 3 December 2007.

Sobsey, D., Wells, D., Lucardie, R.and Mansell, S.(1995) *Violence and Disability: An Annotated Bibliography* .Baltimore, MD: Brookes.

Stalker, K.and Connors, C. (2004) ' Children's perceptions of their disabled siblings: "She's different but it's normal for us".' *Children and Society 18*, 3, 218-230.

Stroebe, M., Stroebe, W.and Hansson, R.O.(1977) *Handbook of Bereavement: Theory, Research and Intervention* .Cambridge: Cambridge University Press.

Stroebe, M.and Schut, H.(1999) ' The dual-process model of coping with bereavement.' *Death Studies 23*, 197-224.

Sutton, C.(1994) *Social Work, Community Work and Psychology* . Leicester: British Psychological Society.

Sullivan, P.M.and Knutson, J.F.(2000)' Maltreatment and disabilities: a population-based epidemiological study.' *Child Abuse & Neglect 24*, 1257-1273.

Swain, J., Finkelstein, V., French, S.and Oliver, N.(eds) (2004) *Disabling Barriers: Enabling Environments* , 2nd edn.London: Sage/Open University.

Taanila, A., Jarvelin, M.and Kookonen, J.(1998)' Parental guidance and counselling by doctors and nursing staff: parents' views of initial information and advice for families with disabled children.' *Journal of Clinical Nursing 7*, 6, 505-511.

Thomas, C.(1999) *Female Forms: Experiencing and Understanding Disability* . Buckingham: Open University Press.

Thomas, M.and Pierson, J.(1995) *Dictionary of Social Work* .London: Collins Educational.

Thompson, N.(2001) *Anti-discriminatory Practice* , 3rd edn.Basingstoke: Macmillan.

Thurgate, C.and Warner, H.(2005)' Living with disability: part I.' *Paediatric Nursing 17*, 10, 37-42.

Tozer, R.(1996)' My brother' s keeper?Sustaining sibling support.' *Health and Social Care in the Community 4*, 3, 177-181.

Trevithick, P.(2000) *Social Work Skills* .Buckingham: Open University Press.

Trotter, C.(1999) *Working with Involuntary Clients: A Guide to Practice* .London: Sage.

Trute, B.and Hiebert-Murphy, D.(2002)' Family adjustment to childhood developmental disability: a measure of parent appraisal of family impacts.' *Journal of Paediatric Psychology 27*, 3, 271-280.

Twigg, J.(1989)' Models of carers; how do social care agencies conceptualise their relationships with informal carers?' *Journal of Social Policy 18*, 53-56.

United Nations(1989) *The Convention on the Rights of the Child* .Geneva: United Nations Children Fund.

Utting, W. (1995) *Family and Parenthood: Supporting Families, Preventing Breakdown* .York: Joseph Rowntree Foundation.

Vaughn, S. and Schumm, J.S.(1995) ' Responsible inclusion for students with learning disabilities.' *Journal of Learning Disabilities 28*, 5, 264–270.

Walker, S.(2002) ' Positive intervention: an outline of some of the legal obligations of public authorities.The provision of personal social services to children and families.' *Representing Children 15*, 1, 21–39.

Ward, L., Mallett, R., Heslop, P. and Simons, K.(2003) ' Transition planning: how well does it work for young people with learning disabilities and their families?' *British Journal of Special Education 30*, 3, 132–137.

Werner, E.(1990) ' Protective factors and individual resilience.' In S.Meisels and J.Shonkoff(eds) *Handbook of Early Childhood Interventions* .Cambridge: Cambridge University Press.

West, S.(2000) *Just a Shadow? A Review of Support for the Fathers of Children with Disabilities* .Birmingham: Handsel Trust.

Westcott, H. (1991) ' The abuse of disabled children: a review of the literature.' *Child Care Health and Development 17*, 242–258.

Wing, L. and Potter, D. (2002) ' The epidemiology of autistic spectrum disorders: is the prevalence rising?' *Mental Retardation and Developmental Disability Research Review 8*, 3, 151 – 161. www. ncbi. nlm. nih. gov/entrez/query. fcgi?cmd = Retrieve&db = PubMed&list_ uids = 12216059&dopt = Abstract(accessed January 2007).

Winnicott, D.W.(1975) *Through Paediatrics to Psycho–analysis* .London: Hogarth.

Wolfensberger, W.(1998) *A Brief Introduction to Social Role Valorization. A High–order Concept for Addressing the Plight of Socially Devalued People, and for Structuring Human Services* , 3rd edn.New York, NY: Syracuse University.

Yang, H. and McMullen, M. B. (2003) ' Understanding the relationships among American primary – grade teachers and Korean mothers: the role of communication and cultural sensitivity in the linguistically diverse classroom.' *Early Childhood Research and Practice 5*, 1. http: // ecrp. uiuc. edu/ v5n1/ yang. html (accessed August 2006) .

英汉对照索引

disability by association　连带残障

disadvantages experienced by disabled people　残障者体验的劣势

family adjustment to disability　残障的家庭调节

impact of diagnosis　诊断的影响

inequality in support services　支持性服务的不平等

integration of medical and social models　医学模式和社会模式的
　整合

interviewing techniques　访谈技巧

key working　工作重点

locus of control　控制的核心

mothers as primary carers　母亲作为主要照顾者

multi-agency collaboration　多机构合作

need for community care　社区照顾的需要

person-centred approach　以人为本的方法

racial discrimination　种族歧视

risk assessment　风险评估

self-advocacy　自我倡导

sibling studies　兄弟姐妹研究

stigma and labelling　污名化和标签化

support for families　对家庭的支持

transitions　转变

CAF *see* Common Assessment Framework　CAF 见通用评估框架

Campbell,J.　坎贝尔,J.

Carer(Recognition and Services)Act(1995)　《1995 年照顾者(认证和服
　务)法案》

carers,birth parents versus foster carers　照顾者,亲生父母与养父母

Foucault, M. 福柯, M.

Foulkman, S. 傅科曼, S.

Framework for the Assessment of Children in Need and their Families
（DoH）《有需要儿童及其家庭的评估框架》（DoH）

Franklin, A. 富兰克林, A.

French, S. 弗仑奇, S.

Frude, N. 弗鲁德, N.

Fyson, R. 菲森, R.

Garrett, P. 加勒特, P.

gender differences in diagnosis of disability 残障诊断的性别差别

Gillespie–Sells, K. 吉莱斯皮—塞尔斯, K.

Gilligan, R. 吉利根, R.

Gillman, M. 吉尔曼, M.

Glendinning, C. 格伦德宁, C.

Goffman, E. 戈夫曼, E.

Goodley, D. 古德利, D.

Gorard, S. 戈拉德, S.

Graham, H. 格雷姆, H.

Griffiths, E. 格里菲斯, E.

Griffiths, R. 格里菲斯, R.

Griffiths Report 格里菲斯报告

Griggs, L. 格里格斯, L.

Grinyer, A. 格林耶, A.

groups 团体

  changes needed 必要的转变

  common understanding 共识

译者后记

2014 年 10 月底在一次残障领域的研讨会上与相识已久的李敬偶遇。虽然早在 2004、2005 年我们都刚刚进入残障研究和实践领域就已经相识，但随后不久，我去了香港读社会福利博士，后来李敬也去了爱尔兰继续残障研究的学习。这样一来二去就断了联系。此次重逢很是欣喜，一起合作，共同参与和推进中国的残障事业发展是我们两人共同的心愿。

对"残障与发展系列译丛"中第四本《残障与损伤：同儿童和家庭一起工作》一书的共同翻译是我们在 2015 年合作的一项重要内容。很荣幸受到李敬的信任和邀请，加入本书的翻译工作当中。从 2014 年年底最初达成意向，到 2015 年拿到原著认真研读，年中正式启动翻译工作，再到 2016 年 2 月初向出版社提交译稿，整个过程愉悦而辛苦。愉悦主要来自两个方面，一是彼得·伯克基于在书中充分体现的家庭观的残障需要、生活转变的基本研究视角，"连带残障模式"的基本概念都让人印象深刻，深有启发，对一些残障研究的问题理解得更清晰而透彻；二是来自翻译过程中所有伙伴的相互理解和支持、分享与讨论，这为完成翻译任务营造了愉快的氛围，也冲淡了因多重角色、多项任务共同推进，以及希望能交出更高质量的译稿而投入大量心力所带来的辛苦。

在整本书的翻译中我们分工如下：李敬负责了第一、四、六章和致谢、引言部分的翻译,何欣负责第二、三、五、七、八、九章,及附录一、英汉对照索引部分的翻译,其中中国人民大学社会工作系的硕士研究生范莎莎和本科生陈斌分别参与了第三、二、七章的部分初译工作。全书的统稿工作由何欣负责完成,校对由何欣完成。

在译稿付梓有望之际,有太多的感谢要一一表达。

由衷感谢彼得·伯克对我们的信任,允许我们把这本很有价值的残障研究专著介绍给中国的读者,他严谨的治学态度、扎实的学术功底、充满智慧的真知灼见都是我们完成翻译任务和开展残障研究的榜样。

感谢中国残疾人联合会和中国残疾人事业发展研究会。这本书的诞生离不开中国残疾人联合会研究室和中国残疾人事业发展研究会各位领导和同事的支持与帮助。

感谢中国社会工作协会心理健康工作委员会对本书版权引进费和部分翻译费用的慷慨资助。

感谢人民出版社责任编辑杨文霞女士悉心的协助和严谨的工作,译稿的出版品质和规范得益于她的辛勤付出与努力。

感谢所有在本书引进、立项、翻译、编辑、出版过程中给予理解、支持和帮助的各位伙伴们。再次一并表示诚挚的谢意。

最后,由于个人能力和时间等方面的原因,对本书翻译中可能存在的不准确、不完善之处深表歉意,恳请各位读者谅解、批评、指正。

译 者

2016 年 2 月

责任编辑:杨文霞
封面设计:徐 晖
责任校对:陈艳华

图书在版编目(CIP)数据

残障与损伤:同儿童和家庭一起工作/(英)彼得·伯克(Peter Burke)著;
   何 欣,李 敬 译. —北京:人民出版社,2017.1
书名原文:Disability and Impairment:Working with Children and Families
   (残障与发展系列译丛)
ISBN 978 - 7 - 01 - 016686 - 5

Ⅰ.①残… Ⅱ.①彼…②何…③李… Ⅲ.①残疾人-儿童-社会工作
   Ⅳ.①C913.69

中国版本图书馆 CIP 数据核字(2016)第 218401 号

残障与损伤:同儿童和家庭一起工作
CANZHANG YU SUNSHANG:TONG ERTONG HE JIATING YIQI GONGZUO

[英]彼得·伯克 著

何 欣 李 敬 译 何 欣 校

人民出版社 出版发行
(100706 北京市东城区隆福寺街 99 号)

北京龙之冉印务有限公司印刷 新华书店经销

2017 年 1 月第 1 版 2017 年 1 月北京第 1 次印刷
开本:710 毫米×1000 毫米 1/16 印张:13
字数:170 千字

ISBN 978 - 7 - 01 - 016686 - 5 定价:46.00 元

邮购地址 100706 北京市东城区隆福寺街 99 号
人民东方图书销售中心 电话 (010)65250042 65289539

北京市出版外国图书合同登记号:01-2015-4700

Copyright ⓒ Peter Burke

Jessica Kingsley 出版有限公司 2008 年首次出版

73 Collier Street,London,N1 9BE,UK

www.jkp.con